谱牒新编

任清剑 编著

中原出版传媒集团
大地传媒

大象出版社
·郑州·

图书在版编目(CIP)数据

谱牒新编/任清剑编著.—郑州：大象出版社，2016.4
ISBN 978-7-5347-7635-9

Ⅰ.①谱… Ⅱ.①任… Ⅲ.①谱牒学—研究 Ⅳ.①K810.2

中国版本图书馆 CIP 数据核字(2016)第 039822 号

谱牒新编

任清剑　编著

出 版 人	王刘纯
责任编辑	郑强胜
责任校对	安德华　牛志远
装帧设计	王　敏

出版发行	大象出版社(郑州市开元路 16 号　邮政编码 450044)
	发行科　0371-63863551　总编室　0371-65597936
网　　址	www.daxiang.cn
印　　刷	郑州瑞光印务有限公司
经　　销	各地新华书店经销
开　　本	787mm×1092mm　1/16
印　　张	12.5
字　　数	177 千字
版　　次	2016 年 4 月第 1 版　2016 年 4 月第 1 次印刷
定　　价	30.00 元

若发现印、装质量问题，影响阅读，请与承印厂联系调换。
印厂地址　郑州市二环支路 35 号
邮政编码　450012　　　电话　0371-63956290

任清剑

1958年3月生,河南省滑县人。曾任滑县炎黄谱牒文化研究会会长、滑县木版年画保护研究所所长。1982年大学毕业后长期在县、乡工作,并致力于谱牒文化的学习和研究,参阅研读了大量古今谱牒名著,结合实际,提出"吉祥、科学、全面、详细、实用"的谱牒编撰新体例,出版有"固续式"《现代族谱》等。

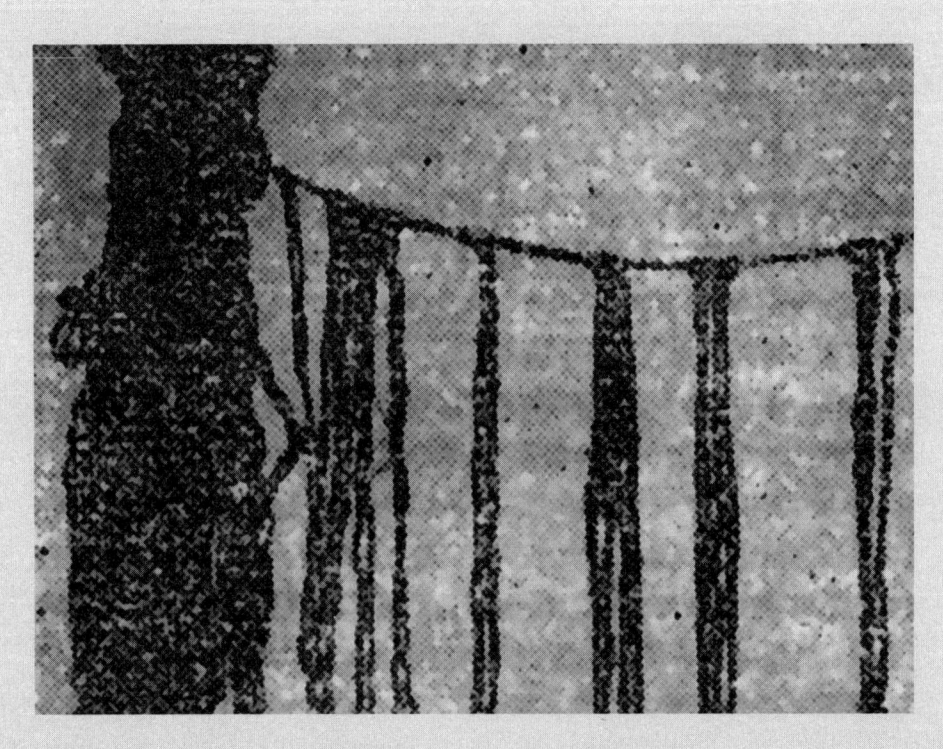

满族"子孙绳"（结绳谱牒）

目 录

序言   1

第一章   传统谱牒的概念、功能与价值   1
    一、定义   3
    二、命名   4
    三、功能与价值   6

第二章   传统谱牒的起源、诞生与发展   9
    一、起源期   11
    二、诞生期   14
    三、兴盛期   17
    四、转型期   30
    五、完善期   43
    六、普及期   51
    七、新修期   68

第三章   传统谱牒之辨正   79
    一、概念之辨正   81
    二、功能之辨正   87
    三、价值之辨正   87

四、谱学思想之辨正　　　　　　　　　　　88
　　五、修谱方法之辨正　　　　　　　　　　　88
　　六、体例之辨正　　　　　　　　　　　　　89
　　七、内容之辨正　　　　　　　　　　　　　91
　　八、编修之辨正　　　　　　　　　　　　　94
　　九、珍藏之辨正　　　　　　　　　　　　　95
　　十、使用之辨正　　　　　　　　　　　　　96
　　十一、新修期存在的突出问题　　　　　　　96
第四章　新谱牒的基本建制　　　　　　　　　　99
　　一、概念　　　　　　　　　　　　　　　　101
　　二、功能　　　　　　　　　　　　　　　　102
　　三、价值　　　　　　　　　　　　　　　　103
　　四、意义　　　　　　　　　　　　　　　　108
　　五、思想　　　　　　　　　　　　　　　　108
　　六、方法　　　　　　　　　　　　　　　　108
　　七、体例　　　　　　　　　　　　　　　　109
　　八、内容　　　　　　　　　　　　　　　　110
　　九、编修　　　　　　　　　　　　　　　　112
　　十、珍藏　　　　　　　　　　　　　　　　129
　　十一、使用　　　　　　　　　　　　　　　130
　　十二、计算机网络技术在《现代族谱》上的应用　134
第五章　《现代族谱》记录说明　　　　　　　　139
　　一、《□族谱》部分　　　　　　　　　　　141
　　二、《百家年谱》部分　　　　　　　　　　151
第六章　新谱牒的内容栏目、栏目内容和基本体例　167
　　一、内容栏目　　　　　　　　　　　　　　169
　　二、栏目内容　　　　　　　　　　　　　　170
　　三、基本体例　　　　　　　　　　　　　　173
主要参考书目　　　　　　　　　　　　　　　　187

序 言

　　谱谍是承载人类血缘集团或氏族世系及人生信息的载体。她起源于母系氏族社会，在几千年的发展历程中，为实现其功能、体现其价值、发挥其作用、彰显其存在意义，适应氏族、社会、国家的需要，其载体状态、录入信息方法、内容、体例、珍藏、使用等，不断地发生着变化。

　　谱牒学是一门古老的科学，也是一门新兴的学科。作为一门学问，谱牒学诞生于魏晋南北朝，发展于隋、唐；经过宋、元社会的变化，发生了大转型；明、清时期应该说达到了较为丰富和完善的程度。古代谱牒学家、历史学家适应当时之需要，完成《世本》《元和姓纂》《古今姓氏书辩证》《通志·氏族略》《古今万姓通谱》等盖世巨著，为后世谱牒学研究打下了坚实的基础。近现代及当代谱牒学研究者，诸如章学诚、潘光旦、罗香林、冯尔康、王鹤鸣等，从中华谱牒的体例、内容、编修、珍藏、使用、功能、宗旨等方面开展研究，为谱牒学的发展作出了卓越贡献。

　　我是一位谱牒爱好者、研究者。1974年初中毕业，曾跟随本家族一位六十多岁老先生编修祭祖族谱；1982年大学毕业后，在豫北农村基层工作三十多年，未曾间断对谱牒文化的学习和研究。2000年之前的二十多年，我在基层参阅了大量旧体例族谱，为本族和当地七八个家族主持编修过族谱；旧谱那种晦涩、封建、愚昧的内容和体例，令人难以忍受。当时我也曾试着设计了三四种新体例，但都不理想，遂暗下决心，有朝一日要彻底改变这种状况。2000年至2005年，为了解决在修编族谱过程中出现的诸多问题，我用了将近五年时间研读古今谱牒学名家的著作和研究成果，比如《世本八种》《章学诚遗书》《篁墩文集》以及欧阳修、苏洵、朱熹、程敏政等的谱牒学理论，查阅了潘光旦的《中国家谱学略史》，罗香林的《中国族谱研究》，日本中国问题专家多贺秋五郎的《中国家谱的研究》，杨殿珣的《中国家谱通论》，杨冬荃的《中国家谱起源研究》，欧阳宗书、武新立的《中国家谱》，王鹤鸣的《中国家谱通论》，徐建华的《中国的家谱》以及中国谱牒学研究会的每期会刊，另阅读了刘贯文、冯尔康、张海瀛等学者的谱牒学著作。在丰富自己的谱牒理论知识，了解专家研究成果的基础上，我又试着设计了新的体例，并为本家族谱编修试填试记，自我感觉弄清了谱牒学领域的很多问题，比如古今谱牒学名家的谱学思想、研究成果以及他们各自不同的观点等。

然而，我也发现，可能是社会环境的不同和谱牒私修无序等原因，各位谱牒学家对谱牒学及其主要环节的理解和得出的结论很不一致；可能是新中国成立至中国改革开放之前的三十年间，受社会政治环境的影响，各位谱牒学家研究的主要方向不是"现代人如何编修族谱"的问题；新修族谱未能用现代人的观点设计体例、内容、编修方法；谱牒新修期国内虽然出现"修谱热"，但修谱体例和内容"各自为政"的现象十分突出，等等，总的感觉是问题很多。曾有过一段时间，我的思绪很乱：谱名的问题，谱牒概念的问题，始祖的问题，新谱体例的问题，新谱内容的问题，现阶段谱牒之功能问题，新谱编修与珍藏的问题等等，时刻困扰着我。带着这些问题，我走访了很多地方，咨询了很多修谱行家和谱牒爱好者，受益匪浅。

2005年左右，国内市场上开始出现了一些新体例——续填续记式的"现代家谱"，我逐一认真拜读、研究，并试填试记。直到2006年，我到县文化局工作，牵头组建"滑县炎黄谱牒文化研究会"，才得以专职系统研究谱牒。研究会确定"全县家族调查""旧家谱研究与珍藏""谱牒学理论研究""现代谱牒体例与内容研究""现代谱牒修编、珍藏与使用研究"等五个研究课题，把研究会成员分成六个研究攻关小组，对课题深入调查研究。经过近五年的探索和实践，应该说研究会各攻关小组均取得可喜的成就，尤其是在谱牒学理论以及现代谱牒的体例、内容，现代谱牒的修编、珍藏、使用等几个环节均取得了质的突破。

比如，谱牒学概念和研究对象的界定。谱牒学作为专用名词，魏晋南北朝时期就已经出现，南朝梁萧子显所撰的《南齐书·贾渊传》中就有"谱学"一词："先是谱学未有名家，渊祖弼之广集百氏谱记专心治业。"谱牒学的性质，在学术界几无分歧，一般认为它是历史学的旁支。因其研究内容除与史学交叉外，还与其他三十多个学科研究内容有交叉，所以，谱牒学实际上是历史科学中一门带有跨越性的边缘学科。然而，"谱牒学"概念的界定，可能是因其研究方向的"不确定"或发展环境的变化等，至今专家学者说法不一，或干脆回避。从谱牒发展全过程的角度，综合分析谱学家的论断，依据现代人对谱牒文化的需求，我们认为谱牒学应该有一个立体、全面、完整的定义：谱牒学是专门研究中华谱牒起源、发展规律及其存在条件的一门学科。多从历史学、方志学、社会学、人类学、人口学、优生学、民族学、民俗学、宗法学、风水学、考古学、宗教学、法学、文学、医学、教育学、经济学、伦理学、人才学、遗传学、生物学、文物学、统计学、生理学、食品学、服饰学、环境学、建筑学、交通学、礼仪学、心理学等学科的视角出发，综合地、立体地、全方位地探究其内容、体例、编修、珍藏、使用等，以揭示出其特有的历史功能、学术价值及现实意义。

谱牒学研究的对象，不仅仅是传统谱牒资料、谱学家的谱学思想和著作，还应该纳入至关重要的现代人修编、珍藏和使用的内容，赋予谱牒学新的生命力。规范的谱学四大研究对象为：

（一）谱牒资料。包括历代的谱牒和各种类别的谱牒及海内外的谱牒；须对此三类谱牒资料全面、深刻地分析研究。

（二）谱牒学著作。历代谱牒学家和学者的谱学思想及著作，是谱牒学研究的宝贵财富和基础。要在继承前人研究成果的基础上，以科学的研究方法和研究手段，完善、丰富、发展谱牒学。

（三）谱牒编修、珍藏和使用。在新的历史时期，现代人如何编修、珍藏和使用谱牒，使其充分发挥功能，更好地为家族、社会、国家服务，是谱牒学研究的主要任务。

（四）谱学理论。包括有关概念，谱学思想，谱牒功能、价值、意义和谱牒存在发展的环境条件。

因此，在编著本书的过程中，我们在充分继承传统谱牒学文化的基础上，按照现代人的观点、理念，围绕现代社会、现代家族、现代城乡族人对谱牒文化的需求，遵循最大限度继承传统谱牒文化之精华，最大限度增加科学研究之内容，最大限度体现现代人之理念、观点，将谱牒概念、功能、价值、意义、体例、内容、编修、珍藏、使用等内容重新提炼，焕发传统谱牒之新貌。这也是本书命名《谱牒新编》的缘由。

本书共六部分：传统谱牒概念、功能与价值，传统谱牒的起源、诞生与发展，传统谱牒之辨正，新谱牒的基本建制，《现代族谱》记录说明，新谱牒的内容栏目、栏目内容和基本体例。前两部分为传统谱牒内容，后四部分为思考和创新内容，尤其是第五部分——《现代族谱》的记录说明，详细解读了《现代族谱》作为现代新型谱牒文化载体的实用性。

由于理论水平、实践经验、资料收集所限，本书一定会有很多不足甚至错误之处，恳请专家、学者及谱牒爱好者提出宝贵的意见、建议和批评，在此一并表示感谢！

任清剑

第一章 传统谱牒的概念、功能与价值

传统谱牒,指遵循「三代修谱」、采用「五世图式」欧苏体例、内容栏目「各自为政」的谱牒。近现代谱牒学家就传统谱牒的概念、功能与价值已有明确界定,充分揭示了谱牒编修的合理性及其意义;如火如荼的民间「宗亲联谊」、续修谱牒活动,有力地证明了谱牒文化的旺盛生命力。

牛胛骨上的兒氏谱牒（甲骨谱牒）

商代，现存大英博物馆。

记载兒氏11代显贵家族世系。译文见第12页。

一、定义

以谱牒本来、原始含义为基础，依据其起源、发展历史和内容表达方式的变化，历代谱学家给予谱牒之定义不尽相同。

明代谱学家黄儒炳说："夫国有史，家有谱。谱者，史之流也。按凡例，修国史者，必知《春秋》之义，然后可以明王道而正国体；修家谱者，亦可知《春秋》之义，然后可以明人伦而正风俗。"①

明代方孝孺指出："谱者，普也，普载宗祖远近、姓名、讳字、年号。谱者，布也，敷布远近，百世之纲纪，万代之宗派源流。序述姓名，谓之谱系；条录婚宦，谓之簿状。天子书之谓之纪，诸侯书之谓之史，大夫书之谓之传，总而言之谓之谱。谱者，补也，遗亡者治而补之。故曰：序得姓之根源，纪世数之远近，父昭子穆，百代在于目前。"②

清朝谱学家章学诚说："有天下之史，有一国之史，有一家之史，有一人之史。传状志述，一人之史也；家乘谱牒，一家之史也；部府县志，一国之史也；综纪一朝，天下之史也。"③

刘贯文在《谱牒学研究的任务》中指出："谱牒是以特殊形式记载的宗族发展的史书。"

欧阳宗书在《中国家谱》一书中，综合古今学者关于家谱的定义，认为："家谱是中国古代宗法社会中主要记载宗族人物世系和记载家族事迹的书，是以特殊形式记载的家族发展史。"④

杨冬荃在《中国家谱起源研究》一文中认为："家谱就是将同一血缘集团的世系人物一一列举出来，也可以说只要将某一同一始祖的后裔一一布列出来，就构成了一个简单的家谱。"⑤

潘世仁在《家谱——内涵丰富的史籍》一文中认为："家谱是一种能够真实地反映一个家族在其发展过程中的重大政治、经济、文化活动的载体。"⑥

王鹤鸣1997年11月11日发表在《文汇报》的《开发谱牒资源，弘扬历史文化》一文指出："家谱是同宗共祖的血缘集团记载本宗族世系和事迹的历史图籍。"

完颜绍元在《中国姓名文化》一书中认为："家谱是记录家族成员血缘关系的簿书。"⑦

徐建华在《中国的家谱》一书中认为："家谱是一种以表谱形式记载一个以血缘关系为主体的家族世系繁衍及重要人物事迹的特殊图书形态。"⑧

刘黎明在《祠堂·灵牌·家谱》一书中认为："所谓家乘谱牒，就是一个家族或宗族的世系表谱。"⑨

《辞典》《辞源》对家谱条目的解释多为"世系和重要人物事迹的书"。王鹤鸣在《中国家谱通论》一书中认为："家谱定义为'记述血缘集团世系的载体'较为确切。"

综上所述，尽管谱牒学家们给予谱牒的定义不尽相同，但可归纳为三类："家史说""簿籍书表说""载体说"。

二、命名

"谱"是一个派生字，原字为会意字的"普"，后来由于用"普"字表示一种文献、簿籍，所以加"言"旁成了形声字的"谱"。"普"和"谱"意义完全相同，都表示全、遍之义。所以，作为一种文献体裁，凡同类事物，不予选择或遗漏，全部、普遍地布列出来，皆可谓之"谱"，如年谱、历谱、乐谱、家谱等。

《说文》牒札互训，《片部》"牒，札也"，《木部》"札，牒也"。《释名·释器》训牒为板，"牒，板也"。可见牒、札、板是一个东西，即小木片、小竹片，今天称之为木简、竹简。这种小木片、小竹片的制作方法，据王充的解释，是"截竹为简，破以为牒"，"断木为椠，析之为板"，大概意思是牒为竹简，板（札）为木简。所以，牒指承载文献的材料、载体。

由上述可知，谱指文献的体裁、格式、内容，牒指承载文献内容的材料、载体，"谱"和"牒"合在一起，是体裁和载体的结合，是内容和形式的结合。因为谱牒命名时尚未发明纸张，亦无书帛的习惯，"谱"是写在"牒"上的，所以这种文献叫谱牒。我们通常讲的谱牒有特定的含义，是指专门记录氏族血缘关系、布列氏族世系的文献、簿籍。然而，中华谱牒历史悠久，使用范围地域辽阔，内容、体例、载体、用途多样，导致其泛称很不统一。据不完全统计，谱牒泛称为家谱、族谱、宗谱、祖谱、氏谱、世谱、血脉谱、宗世谱、房谱、支谱、总谱、世家谱、表谱、近谱、合谱、通谱、联谱、统谱、统宗世谱、通宗谱、联宗谱、会谱、异姓谱、大成谱、全谱、大同谱、述系谱、行谱、宗系谱、百家集谱、源派谱、续香谱、祠谱、坟谱、系叶谱、偕日谱、乡贤谱、口传谱、结绳谱、甲骨谱、青铜谱、牒札谱、碑谱、塔谱、无字谱（表）、族系录、谱系、谱传、家牒、家传、家乘、家典、家记、家史、家状、家志、族系、族姓昭穆记、族志、宗簿、宗志、房略、辨宗录、列姓谱牒、家庭档案、家模汇编、人丁册、源流、渊源录、星源集庆、先德传、清芬志、清芬录、德庆编、传芳集、本书、中表簿、氏族要状、渊源、玉牒、帝室谱、宗室谱、皇帝宗族谱、天潢源流谱、皇孙郡王谱、宗藩庆系录、仙源积庆图、仙源类谱、谐日谱、属籍、侯籍、郡谱、诸王世谱、世本、世家、世传、神轴、祖宗轴、本支世系、祭簿、帝系、世家渊源录、世系、世牒、世典、世录、世恩录、别录、维城录等百余种。在历代谱学名家的谱学著作中，对谱牒的泛称也很不规范：有的用"家谱"，有的用"族谱"，有的用"宗谱"，有的用"世谱"，等等，甚至在同一谱牒著作中的一个段落中会同时出现"家谱""族谱""宗谱"等不同名称。如此种种，给谱牒的研究和谱牒产品的应用带来诸多不便，谱牒之泛称亟须规范和统一。

实际应用中，除上述命名规则外，还要在其谱名之前冠以姓氏、郡望，堂号，氏族聚居地名，续修次数，祖先的名、行、字、号等。

三、功能与价值

实现谱牒的功能，是编修谱牒的最终目的。中华谱牒在其发展过程中，始终承担着为社会、政治、家族服务之功能。谱牒具体是怎样为社会、政治和家族服务的呢？各发展阶段谱牒之功能与价值如何界定？历代谱学家之谱牒著作均有论述。

关于谱牒的功能，王鹤鸣《中国家谱通论》已作精辟界定：周朝谱牒诞生之前为"优生功能"；诞生至兴盛期，宋代之前为"政治功能"；宋代之后、中华人民共和国成立之前是谱牒的转型、完善、普及期，为"伦理功能"；中华人民共和国成立之后，谱牒新修阶段为"文化功能"。

王鹤鸣在《中国家谱通论》中指出：谱牒具有文物价值、资料价值、寻根价值、道德价值、文化价值五个方面的价值。

所谓文物价值，是指现存世的古代谱牒，它们全部属于珍贵文物，比如现存最早的书本家谱《仙源类谱》，系宋代内府抄本，至今近千年；有些是明代的版本，有些是名人批校本，均具有极高的文物价值。据《中国古籍善本书目》统计，列为该书善本的家谱就有746种，均属国家级文物。据《中国家谱总目》统计，现存家谱52401种，应该说这是一笔极为珍贵的中华历史文化遗产。

所谓资料价值，也可以说是学术研究价值，指的是家谱记载着大量可供历史学、经济学、社会学、民俗学、宗教学、人类学、人口学、教育学、伦理学、方志学、遗传学等多学科学术研究之用的素材，其中大量的第一手珍贵资料以及从中统计出的各种数据，是其他载籍所没有的。著名史学家顾颉刚认为："我国史籍之富，举世无比。然历代公认的官修正史，由于种种原因，自今论之尚难允称'信史'。今青年治史学，当于二十五史外博求史料，取精用宏，成就当非前代所可比。而今我国史学领域有待开发的两个'大金矿'即地方志和族谱。它一向为治史者所忽视,实则其中蕴藏无尽有价值的史料,为'正史'所难于悉纪不为人所知者。"⑩

所谓道德价值,指家谱中载有"家训""族规"之类内容所体现的伦理道德价值。其中固然有"三纲五常""三从四德"等封建、愚昧的东西,但也有大量的比如"敬长老、孝父母、友兄弟、尊师长、睦近邻、崇俭朴、恤孤寡、戒淫逸、戒奢侈、禁赌博"等伦理规范,家谱中有很多志士仁人忧国忧民的爱国主义精神、自强不息的奋斗精神、追求真理的奉献精神。

所谓寻根价值,是指族谱世系表均清晰记录族人简况,可为远离祖居地之人,尤其是海外族人提供详细的宗亲资料,便于寻根谒祖。

所谓文化价值,指的是族谱作为中华文化遗产,具有使数以万计的氏族繁荣昌盛,中华民族经历数千年长盛不衰之功能。这也是世界上几大文明发源地唯有中华民族历经数千年仍屹立世界东方之重要原因,足已突显出族谱这种遗产的文化地位。

欧阳宗书在《中国家谱》中提出,谱牒学研究具有继承祖国宝贵文化遗产、繁荣学术研究和便于海外炎黄子孙寻根谒祖、促进祖国统一三个方面的意义。在学术研究上,谱牒具有宗法制度研究价值、宗族法研究价值、经济史料价值、历史人口学价值、历史人物研究价值、教育史料价值、民俗学价值、宗教学价值、民族史价值、华侨史研究价值、重大历史事件资料价值等十一个方面的学术研究价值。

注释：

① 《方前林氏家谱序》，载《古今图书集成·氏族典·林姓部》第三百六十卷"艺文"。

② 《逊志斋集》卷一三，《族谱序》。

③ 《文史通义校注》卷六外篇一《州县请立志科议》，中华书局1985年版。

④ 《中国家谱》，新华出版社1992年，第4页。

⑤ 《谱牒学研究》第一辑，书目文献出版社1989年版。

⑥ 《谱牒学研究》第四辑，书目文献出版社1995年版。

⑦ 《中国姓名文化》，上海古籍出版社2001年版，第37页。

⑧ 《中国的家谱》，百花文艺出版社2002年版，第1页。

⑨ 《祠堂·灵牌·家谱》，四川人民出版社2003年版，第163页。

⑩ 转引自林其锬：《家谱功能的历史嬗变与现代价值》，载《中华谱牒研究》，上海科技文献出版社2000年版。

第二章 传统谱牒的起源、诞生与发展

谱牒起源于人类历史的哪个时期？在哪个历史时期发展得较快？在哪个历史时期发展得慢些以致中绝？它自起源至今，经历哪些发展阶段？对此种种疑问，历代谱牒学家说法不太一致，大致有五段说和七段说两种意见。五段说包括诞生、兴盛、转型、完善、新修五个阶段；七段说（王鹤鸣《中国家谱通论》）包括起源、诞生、兴盛、转型、完善、普及、新修七个时期。但实质上这两种说法并无根本差异，只是前略后详而已。以己之见，谱牒发展七段说较为合理。

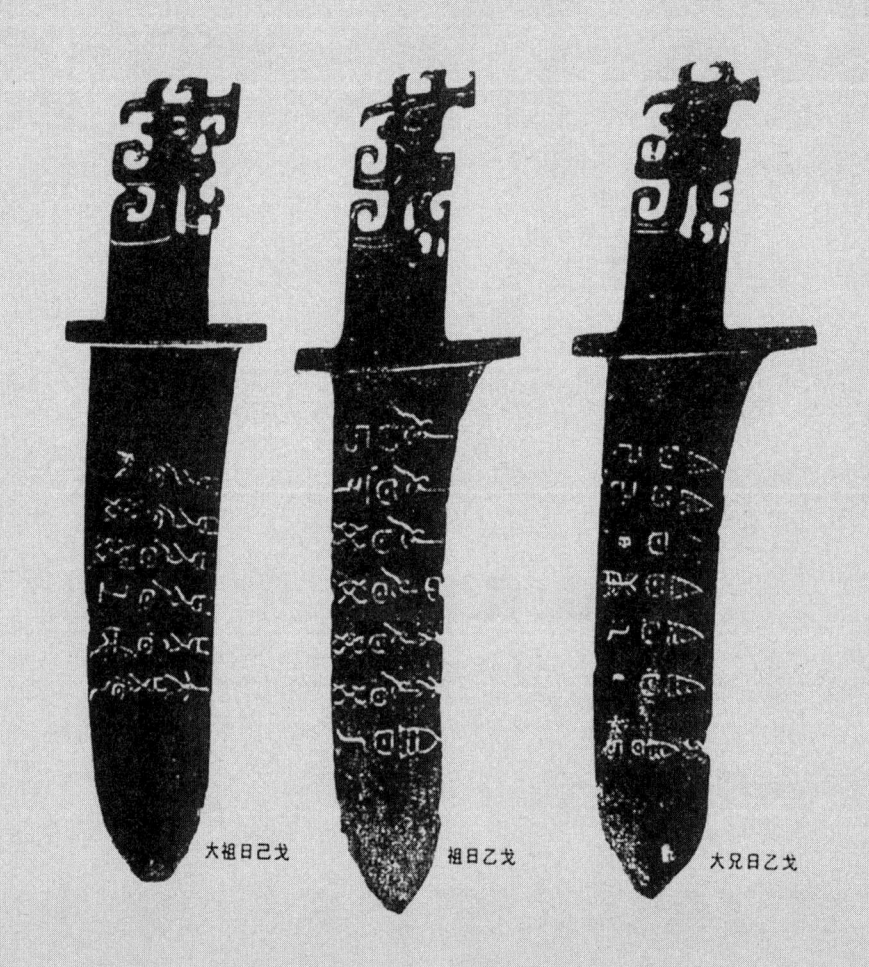

"易州三戈"（青铜谱牒）

商代制作，出土于河北省易县。

铭文释读：

大祖日己戈：大祖日己；祖日丁；祖日乙；祖日庚；祖日丁；祖日己。

祖日乙戈：祖日乙；父日癸；大父日癸；大父日癸；中父日癸；父日癸；父日己。

大兄日乙戈：大兄日乙；兄日戊；兄日壬；兄日癸；兄日癸；兄日癸；兄日丙。

一、起源期

历代谱牒学家就谱牒起源期的观点，主要有宋代起源、秦汉起源、周代起源、商代起源、夏代起源、父系氏族社会起源、母系氏族社会起源等几种说法。对谱牒起源之所以说法不一，主要原因有三个方面：一是对谱牒载体的定义认识不同；二是对谱牒承载主体的基本内容界定不清；三是没有了解谱牒发展的历史全貌。

宋代起源说。理由是"宋代私修盛行，并欧苏体例影响至今，因五代十国时期战乱不止，宋代以前的谱牒很少存世。"持此观点者，多数是因为没有发现《世本》等古代谱牒的存在。秦汉起源说也是如此。

周代起源说。持这种观点的学者把早在东汉的桓谭在《新论》中所说"《史记·三代世表》旁行邪上，并效《周谱》"和唐代学者刘知幾在《史通》中"谱之建名，始自周代"等说法作为依据，他们尚未见到地下埋藏着周代之前的许多谱牒。

殷商起源说。持这种说法的学者分两类：一类认为："谱牒，顾名思义，谱者普也，普遍布列氏族世系；牒者，简也，古代用于书写文字的竹简。所以，谱牒是文字产生之后的产物，目前，考古发现最早文字产生于商代，商代之前不可能有谱牒。"此观点把"口传谱牒""结绳谱牒"排斥于谱牒之外。第二类主要是一些现代学者，如郭沫若、陈梦家、于省吾、陈直等，他们以考古发现殷商时代的"甲骨谱牒"为依据。据有关专家研究，有三件甲骨文可以确认为最古老的谱牒：一是见于容庚等编的《殷契卜辞》，序号为209；二是见于董作宾编的《殷墟文字乙编》，序号为4856；三是见于《库、方二氏藏甲骨卜辞》，序号为1506。陈梦家释第一件为"□子曰□，□子曰□"，第二件为"帚妥子曰"。第三件为一大片牛肩胛骨，残件，上下长约22厘米，宽约22.5厘米，刻辞在骨版正面，共十三行，第一行为五字，其余均为每行四字，刻字行款，自上而下，自右而左。陈梦家释文为："贞，兒先且曰吹，吹子曰妖，妖子曰夒，夒子曰雀，雀子曰壹，壹弟曰启，壹子曰丧，丧子曰养，养子曰洪，洪子曰御，御弟曰䬴，御子曰歘，歘子曰蕘。"此乃完整的显贵家族世系，一共记载了兒氏家族14个人名，其中父子关系11人，兄弟关系2人，关系不明1人（这件甲骨文的真伪一直存在争议，但近年来大多学者认为是真品）。在台湾联合报国学文献馆于1985年召开的"第三届亚洲族谱学术研讨会"上，张秉权发表《中国最早的家谱——牛胛骨上的兒氏家谱》一文，回顾了近百年来关于该牛胛骨刻辞真伪问题的争论情况，他依据"家谱刻辞"时间之早，进行判断，提出自己的见解："我更相信它是真品，它应该是我们现在所能看到的中国最早的一个家谱。"①

夏代起源说。欧阳宗书在《中国家谱》一书中认为："根据家谱的原始概念——同一血缘集团世系的排列就是这个家族简单的家谱来讲，我们认为早在夏朝即已有家谱档案的存在。"刘光禄在《谱牒述略》一文中亦持这种看法。

父系氏族社会起源说。西北大学历史系教授陈直在《南北朝谱牒形式的发现和索隐》一文中，开宗明义提出："谱牒的起源，当开始于父系氏族形成以后。"

母系氏族社会起源说。杨冬荃在《中国家谱起源研究》一文中提出这个观点。杨文利用甲骨文、金文资料和民族学、民俗学资料，序列出文字谱牒之前原始谱牒的多种形式，得出了"我国的家谱起源远远早于周代……它是母系氏族时代的产物"②的结论。黎小龙《从民族学资料看家谱起源》一文中，从家谱的起源晚于家族、家庭起源这一基本概念出发，提出："家族谱系产生于家族起源之后的母系氏族晚期……"③王鹤鸣在《中国家谱通论》一书中，系统分析了历代谱牒起源说，从谱牒定义的角度，利用古人类学、社会学研究之成果，提出"中国谱牒的起源，应自母系氏族社会开始，其标志就是口传家谱与结绳家谱"。

古籍《帝王世纪》记载的皇古风姓包牺氏家谱即为"口传家谱"："大皥帝包牺氏，风姓也。……包牺氏没，女娲氏代立为女皇，亦风姓也。女娲氏没，次有大庭氏、柏黄氏、中央氏、栗陆氏、骊连氏、赫胥氏、尊庐氏、混沌氏、皞英氏、有巢氏、朱襄氏、葛天氏、阴康氏、无怀氏，凡十五世，皆袭包牺氏之号也。"古籍《山海经》卷十八《海内经》中姜姓炎帝神农氏家谱也是"口传家谱"："炎帝之妻，赤水之子听訞生炎居，炎居生节并，节并生戏器，戏器生祝融。祝融降处于江水，生共工，共工生术器。……共工生后土，后土生噎鸣。"《山海经》卷十八《海内经》亦记载了帝俊的"口传家谱"："帝俊生禺号，禺号生淫梁，淫梁生番禺，是始为舟；番禺生奚仲，奚仲生吉光，吉光是始以木为车。"

"父系口传谱牒"是由"母系口传谱牒"演变而来，就像父系氏族社会由母系氏族社会演变而来一样，这种习俗也同样为我国现代的一些少数民族所存留。

据《怒族社会历史调查》（云南人民出版社，1981年）一书载，云南碧江县碧江一区九村怒族族人能够背诵四十一世的"口传家谱"的世系。其连名"口传家谱"如下：

"茂英充——充罗并——罗并者——者茂特——茂特绷——绷喜耀——喜耀维——维曲维——曲维能——能波赤——赤赤维——维罗别——别下休——下休达——达局留——局留谷——谷喜有——喜有宾——宾好给——好给抽——抽那耀——那耀劝——劝下尤——下尤室——室局采——局采奴——奴奴局——奴局谷——谷娟血——娟血独——独老底——底老乌——乌老求——求老曼——曼老催——催虐漫——漫额叫——叫走偶——偶同寿——寿砍杜——杜几舟（41世）。"据传说始祖茂英充是位女性，正验证了历史的合理内核，男性世系是从女性世系发展而来。

刘尧汉在《彝族社会历史调查研究文集》一书中，记载了彝族古侯和曲涅两个家族的连名口传家谱。古侯家族的连名口传家谱为三十八代："古侯——古侯合之——合之合打——合打莫瓦……吉哈鲁木子——鲁木子书给"；曲涅家族连名口传家谱为三十九代："曲涅——曲涅曲布——曲布木俄——木俄孜乌——孜乌别屋……克天呷——天呷脚木——脚木捏合"。然而，通过进一步考证，古侯和曲涅是同辈，是从曲木乌乌传下来的，经历了五代：

曲木乌乌——乌罗罗——罗罗布亚┬布亚史拉兹┬史拉兹古侯
　　　　　　　　　　　　　　└布亚克齐乌└史拉兹曲涅

罗罗系古侯和曲涅的曾祖辈，其"罗罗"非男性，而是女性。罗罗乃是古侯和曲涅的曾祖母，古侯和曲涅非兄弟，而是姐妹。也就是说，古侯和曲涅家族连名口传家谱前五代均为母女连名，继之父子连名。

从考古发现的古代"实物谱牒"、古代典籍对古代氏族世系的记载和近代少数民族的调查资料综合分析等可以基本判定，"承载氏族世系的载体"在母系社会就已经存在，并一直承担着避免同族近亲婚配的"优生功能"。然而，这种"载体"在之后几千年的漫长历史中，除了承载"世系"之外，还没有被现代人发现有"人物、事迹"的记述和与谱牒发展相匹配的其他佐证。所以，用谱牒的"本来、原始"含义衡量，这一时期只能被暂时界定为谱牒的"起源期"。

二、诞生期

谱牒经过氏族社会和夏、商社会漫长历史的发展，逐渐脱离了简单世系排列的原始形态，至周代达到了一个新的发展阶段。周代，国家建立了宗法政治制度，天子、诸侯、卿大夫、士等均由嫡长子孙相继，宗子享有政治权和剥削权。基于这种严密的等级制度的需要，用来"奠世系、辨昭穆"的记载血缘亲疏、区别嫡庶长幼的谱牒，得到空前发展。在此基础上，国家建立了一整套史官修谱制度，造就了一批谱牒学世家，出现了第一批谱学著作。由此，谱牒的基本内容"世系和人物、事迹"趋于完善。——中华谱牒诞生了！

中华谱牒诞生于周代有三个主要标志：

（一）谱牒内容完整

按照"谱牒是记述血缘集团世系的载体"和"谱牒是记录同一血缘关系家族或宗族世系和重要人物事迹的书"的定义，应该说周代的谱牒内容已符合相应的条件。在周代之前，我们已知的谱牒，只有简单的氏族世系排列，没有其他人物事迹；而周谱的内容不仅有"世系"，更重要的是有大量颂扬先祖美德、官位、功绩等的内容。如：周代盛行在鼎彝礼器上铸造铭文的青铜谱牒。青铜器谱牒一般先叙述祖先名字及美德、功勋，最后落款是铸器人的名字。如：2003年1月9日在陕西眉县马家镇杨家村发现了一个西周青铜器窖藏，共出土27件铭文铜器，其中一件盛水器，铸有单氏家族世系称《逨盘》，高20.4厘米，口径53.6厘米，腹深10.4厘米，重18.5公斤。盘内铸铭文21行，共372个字。《逨盘》铭文大意如下："我的赫赫有名的皇高祖单公，威武英明，知人善任，是一个有智慧有德行的人。他辅弼文王、武王，讨伐殷商，接受皇天大命，抚佑四方诸侯国，建立了周王朝，操劳国家，顺应天意。我的皇高祖公叔，有辅佐成王，为王所使，接受大命。（当时）北方的戎狄不来奉献天子，（成王）安定了四方万国。我的皇高祖新室仲，沉稳英明，安远善近，四方诸侯都来朝见康王。但鬼方背叛朝廷。我的皇高祖惠仲盠父，善和于政，成于谋略，奉侍昭王、穆王，经营四方，讨伐楚荆。我的皇高祖零伯，耳聪心明，尽职尽责，侍奉龚王、懿王。我的皇亚祖懿仲歧，直亲规劝（四方大右庶民），（协助）孝王、夷王治理国家，有成就于周邦。我的已故父亲龚叔，端庄恭敬，严肃谨慎，和询于政，德行显著，辅佐厉王。逨继承我的祖父、父亲的职事，夙夕恭敬自己的职责，故天子多赐逨休。天子万年长寿无疆，保佑周邦，治理四方。"王说："我的显赫高贵的文王、武王，从皇天那里接受大命，抚佑四方的诸侯方国。从前，你的先人辅佐先王，恪尽职守，现在我遵循你的先祖，重申册命，加封你的官职、爵秩，命你辅佐荣兑管理四方林业、农业，专供王宫使用。赐给你赤色的围裙、黑色的佩玉绶带以及饰有铜饰的革质马笼头。"④

（二）建立了一整套谱牒管理制度

周朝，国家建立了宗法政治制度，用来记载血缘亲疏、嫡庶长幼的谱牒因此得到空前的发展。国家建立了一整套史官修谱制度，朝廷设小史、太史和内史，诸侯国设工、史、宗、祝，专门管理各阶层谱牒的修编、管理和使用。

（三）周代出现一批谱牒学著作

由于周朝对天下贵族的谱牒采取集中记录、管理的办法，所以产生了一批对诸家谱牒进行综合、总结的谱牒学著作。只是因周末战乱等原因，至今我们能见到的周代谱牒著作，只有《大戴礼记》《世本》《春秋公子血脉谱》等少量版本。

《大戴礼记·帝系篇》系统记载了文字产生以前传说时代的血缘系谱，是现在唯一幸存的比较完备的一部周代著作。它虽编写于汉代，但其中很多篇章是春秋战国时期的作品。

《世本》是周代谱学著作的代表，在周代谱系著作中是最系统、最完备的，它系统地记录了黄帝至春秋战国之际历代帝王、诸侯、卿大夫的姓氏起源、世系源流、迁居本末、生前创制、死后谥号及其他事迹，共十五篇。陈梦家在《六国纪年》所附《世本考略》一文中，以《世本》涉及赵王迁事，并称为"今王迁"，认为是战国末赵人所作，成书约在秦始皇十三年至十九年（前234—前228）。《世本》辑本《帝王篇》与《大戴记礼·帝系篇》两者内容基本相同，《世本》只是把《帝系篇》中的"产"改为"生"，说明两部书有着共同的资料来源，甚至《世本》可能直接取材于《帝系篇》。如黄帝轩辕氏世系：少典产（生）轩辕，是为黄帝。黄帝产（生）玄嚣，玄嚣产（生）蟜极，蟜极产（生）高辛，是为帝喾。帝喾产（生）放勋，是为帝尧。黄帝产（生）昌意，昌意产（生）高阳，是为帝颛顼。颛顼产（生）穷蝉，穷蝉产（生）敬康，敬康产（生）句芒，句芒产（生）蟜牛，蟜牛产（生）瞽叟，瞽叟产（生）重华，是为帝舜，及产（生）象、敖。颛顼产（生）鲧，鲧产（生）文命，是为禹。黄帝居轩辕之丘，娶于西陵氏之子，谓之嫘祖氏，产（生）青阳及昌意。青阳降居泜水，昌意降居若水。昌意娶于蜀山氏，蜀山氏之子谓之昌濮氏，产（生）颛顼。颛顼娶于滕氏，滕氏奔之子谓之女禄氏，产（生）老童。老童娶于竭水氏，竭水氏之子谓之高纲氏，产（生）重黎及吴回，吴回氏产（生）陆终。陆终氏娶于鬼方氏，鬼方氏之妹谓之女隤氏，产六子。孕而不粥，三年，启其左胁，六人出焉：其一曰樊，是为昆吾；其二曰惠连，是为参胡；其三曰篯，是为彭祖；其四曰莱言，是为云邻人；其五曰安，是为曹姓；其六曰季连，是为芈姓。季连产（生）什祖氏，什祖氏产（生）内熊，季通之裔孙鬻熊。九世至于渠，渠有子三人，其孟之名为无康，为句亶王；其中之名为红，为鄂王；其季之名为疵，为戚章王。昆吾者，卫氏也；参胡者，韩氏也；彭祖者，彭氏也；云邻者，郑氏也；曹姓者，邾氏也；季连者，楚氏也。帝喾卜其四妃之子，而皆有天下。上妃有邰氏之女也，曰姜嫄氏，产（生）后稷；次妃，有娀氏之女也，曰简狄氏，产（生）契；次妃，陈隆氏之女也，曰庆都氏，产（生）帝尧；次妃，陬訾氏之女也，曰常仪氏，产（生）帝挚。帝尧娶于散宜氏之子，谓之女皇氏。帝舜娶于帝尧，帝尧之子，谓之女匽氏。鲧娶于有莘氏，有莘氏之子，谓之女志氏，产（生）文命；禹娶于涂山氏，涂山氏之子，谓之女蟜氏，产（生）启。《世本》被后世认为是中华谱牒开山之作。

《春秋公子血脉谱》相传为荀子所作，内容与《世本》类似，主要记载周朝贵族的世系。该书以"谱"命名，在我国记载谱牒世系书籍中开了以谱为书名之先河。

三、兴盛期

中华谱牒自周朝诞生之后，经过汉代的发展，于魏晋南北朝、隋唐时期进入兴盛时期。

秦统一中国后，在全国范围内废除分封制，宗族宗法组织受到冲击。国家除了在丞相之下设宗正，掌握皇家谱牒的编修和保存外，不再设立专官。另外，因战乱、焚书和集权统治，谱牒发展受到很大影响。加之秦统治只有

15年，没有一部秦代的谱学著作流传于世。

（一）汉代的发展

汉朝建立以后，以秦为鉴，大封同姓王侯，汉武帝时更是"罢黜百家，独尊儒术"，使君臣等级和血缘尊亲观念加强，宗族势力得到恢复与发展，谱牒进入新的发展时期。

其一，设立专门的管理机构，出现了不少官修谱牒。汉高祖时遵循秦制，专门设立宗正官。宗正官从皇族中选人，专管"属籍"和"诸王世谱"。另外还专门设立机构管理异姓诸侯的"侯籍"。

其二，因汉朝建立后，以社会稳定为目标，实行"无为"国策，人民休养生息，宗族势力迅速壮大，在战国至汉初几乎中绝的私修谱牒迅速发展，不但数量超过以前，而且质量也有了提高。汉代私修谱牒，最早的当推司马迁，他的《史记·太史公自序》开始部分就是一部司马氏家谱：

> 昔在颛顼，命南正重以司天，北正黎以司地。唐虞之际，绍重黎之后，使复典之，至于夏商，故重黎氏世序天地。其在周，程伯休甫其后也。当周宣王时，失其守而为司马氏。司马氏世典周史。惠、襄之间，司马氏去周适晋。晋中军随会奔秦，而司马氏入少梁。

> 自司马氏去周适晋，分散，或在卫，或在赵，或在秦。其在卫者，相中山。在赵者，以传剑论显，蒯聩其后也。在秦者名错，与张仪争论，于是惠王使错将伐蜀，遂拔，因而守之。错孙靳，事武安君白起。而少梁更名曰夏阳。靳与武安君坑赵长平军，还而与之俱赐死杜邮，葬于华池。靳孙昌，昌为秦主铁官，当始皇之时，蒯聩玄孙昂为武信君将而徇朝歌。诸侯之相王，王昂于殷。汉之伐楚，昂归汉，以其地为河内郡。昌生无泽，无泽为汉市长。无泽生喜，喜为五大夫，卒，皆葬高门。喜生谈，谈为太史公。……太史公既掌天官，不治民，有子曰迁。

此乃司马迁自本人上溯九世的自叙式谱牒，其表述司马氏源流、家族世系、九代先祖名讳、时代、职官、事迹，世代关系非常清晰。司马迁自叙谱牒之后，汉代文人纷纷效尤。如《汉书·扬雄传》中的西汉扬雄自叙谱、《汉书·叙传篇》中的东汉班固自叙谱等。

其三,汉代碑谱盛行。如浙江余姚县出土的《三老碑》(清咸丰二年出土),大约为东汉建武二十八年刻谱。该碑以竖线分左右为两部分,左部分为文字说明三老的功德和立碑目的;右部分为家谱,用横线分为四格:第一格记祖父母名讳和忌日,第二格记父母名讳和忌日,三、四两格记兄弟姐妹的名字;各格依辈分排列,上下为父子关系,左右为夫妻或兄弟姐妹关系,为典型的列表式谱牒。

其四,汉代谱牒体例比周代有所扩展,有图表式和叙述式两种主要形式,叙述式又分世系、事迹一贯连叙和先叙得姓原由再叙世系及官位两种形式。

(二)第一兴盛期

魏晋南北朝时期,谱牒发展进入第一兴盛期,其主要标志为:

1. 这一时期是谱牒诞生以来,社会环境最有利的时期,有四个显著特点:

首先,魏晋南北朝实行"九品中正制"的选官制度,州设大中正,郡设中正,县设小中正,作为选拔官吏的专门机构和官员,由他们评定出上上、上中、上下、中上、中中、中下、下上、下中、下下九品,把所管辖地方的人才,逐级上报朝廷,朝廷根据中正评定的品第,授予不同等级的官职。中正官员由朝廷在各州郡的"著姓士族"中遴选。中正品第人才的标准有三个,即家世、才干、品德,三者并列。但实际选才时中正官完全按照门第家世为标准,即所谓"门选"。所以,出现了"上品无寒门、下品无士族"的局面。"有司选举,必稽谱籍",社会人士均以门第相夸耀,寒族千方百计想挤入士族谱牒,朝廷高度重视士族高门的谱牒编修、保管和使用,并立法以评定士族和高门。

其二,庄园地主经济发展迅速,形成世家大族。魏晋时期,随着"无为而治"国策的推广和土地兼并的加剧,庄园地主大量占有土地,接纳逃避赋役的大批农民,并将其转为"私属";同时,世族大地主利用家族关系,控制大量族人为其奴役。他们聚族而居,千丁共籍,甚至"一家万室,烟火连接,比屋而居"。世家大族迅速膨胀,九品中正制的实行,致使世家望族完全控制了从朝廷到地方的各级政权，形成了中国历史上长达数百年的"门阀"制度。世族大地主为了扩大自己的宗族队伍，奴役广大宗族族人，便打着"同一血缘关系"的宗族旗号，笼络控制族众，为加强宗法而编修的谱牒则成为其有力工具。

其三，阀阅相当、门当户对的婚姻观。魏晋南北朝，门阀势力形成后，世家大族在保持自己政治特权的同时，还全力保持婚姻特权。当时，士族排抑庶族，士庶坐不同席，行不同车，车服异制，天壤之别。在婚姻的选择上，讲究阀阅相当，门当户对，严禁士庶通婚；即使皇帝也对要求门当户对的婚姻特权无可奈何。《南史》卷八〇《侯景传》有个生动故事，侯景降梁，专权梁朝后，向梁武帝提出要与当时的世家大族王、谢通婚的要求。武帝曰："王、谢门高非偶，可于朱、张以下求之。"侯景虽娶帝女溧阳公主为妻，但并不以此为荣耀，仍以未娶世家大族王、谢之女为遗憾，大发嫉妒之心，说："会将吴儿女以配奴"。可见"家之婚姻，必由于谱系"，理所当然。

其四，世人重视家讳。所谓家讳，即父母、祖父母之名。当时，世人最重视家讳，与人交往，不可言及对方家讳，否则，对方就认为被侮辱，或勃然大怒，或闻讳而哭。所以，熟悉众家谱牒非常重要，世人视编修谱牒为大事。

2. 国家专门设立谱局，设置谱官。魏晋南北朝时期，谱牒机构为谱局，谱官为郎令史。谱局的任务有三：一为藏谱，二为编修总谱，三为订正核准各州郡及百官族姓之谱牒。当时谱牒作为重要资料保存在谱局中，各州郡的中正、主簿、功曹均保存有簿状。百官族姓之家状，上报朝廷，藏于秘阁，副本族中保存。

3. 谱牒著作可谓洋洋大观。魏晋南北朝时期的谱牒著作虽然众多，但至今已无所征。据郑樵《通志·艺文略》统计，魏晋至五代的各类谱牒著作共155部，2365卷。谱牒著作类别主要为：①家谱类（普通宗族一族一姓谱牒）；②总谱类（国内众多宗族谱牒）；③郡谱（一州或诸州众多宗族谱牒）；④皇室谱类（皇室之谱牒）。

4. 古籍书目中首次出现了谱牒文献单独立类设置的条目，谱牒学开始成为一门专门学问。南朝梁阮孝绪的《七录》，在《记传录》中，分十二部，即国史、注历、旧事、职官、仪典、法制、伪史、杂传、鬼神、土地、谱状、簿录。自此以后，各类综合目录中一般都有专类设置的谱牒。

5. 修谱成风，涌现出大量编撰与研究谱牒的学者。魏晋南北朝时期，编撰与研究谱牒的学者主要有挚虞、贾弼之、王弘、何承天、刘湛、王俭、贾希镜（一作镜）、王僧孺、徐勉、刘孝标、贾执、贾冠等。潘光旦的《中国家谱学略史》对魏晋南北朝时期重要的谱牒学家及其著作列表如下[⑤]：

魏晋南北朝谱牒学家及其著作一览表

朝 代	作 家	作品及卷数
晋	挚 虞	《族姓昭穆记》十卷
晋	贾弼之	《十八州一百一十六郡谱》七百二十卷
宋	王 弘	
宋	何承天	《姓苑》十卷　《后魏河南官氏志》若干卷
宋	刘 湛	《百家谱》二卷
齐	王 俭	《百家集谱》十卷　《新集诸州谱》十二卷　《诸姓谱》一百十六卷
齐	贾希镜	《氏族要状》（一作永明氏族状）十五卷
梁	王僧孺	《百家谱》三十卷　《百家谱集(抄)》十五卷　《东南谱集抄》十卷　《梁武帝总责境内十八州谱》六百九十卷　《范氏谱若干卷》《徐义伦家谱》一卷
梁	徐 勉	《百官谱》二十卷
梁	刘孝标	《世说新语注》六卷
梁	贾 执	《百家谱》二十卷（一作五卷）　《百家谱抄》五卷　《姓氏英贤谱》一百卷
隋	贾 冠	《梁国亲皇太子亲簿》（一作传）三卷（一作四卷）

很明显，在魏晋南北朝时期，有两个谱牒学世家，一为贾氏谱学世家，一为王氏谱学世家。贾氏宗族谱学渊源深厚，从贾弼之到贾冠共六代：贾弼

之——贾匪之——贾希镜——贾执——？——贾冠。作为贾氏谱学创始人，贾弼之在东晋太元年间，由朝廷委任撰修谱牒，有《十八州一百一十六郡谱》。与贾氏齐名的是王氏谱学世家，其中王弘、王俭祖孙对谱学贡献最大。王弘精通谱学，极有才，御史中丞王僧孺改定《百家谱》后，"王弘好其书，弘日对千客，可不犯一人讳"⑥，成为文人学士之佳谈。王僧孺继承贾、王两个谱学世家的谱学成果并有所发展，曾担任梁武帝时的谱官，其谱学著作有《百家谱》三十卷、《百家谱集(抄)》十五卷等六种，是魏晋南北朝时期谱学集大成者。

6. 谱牒体例和内容特点。因魏晋南北朝时期战乱不止，纸质谱牒至今已荡然无存。但从已经发掘出的实物谱牒和石刻谱牒中可大致了解其基本体例、内容。如1973年阿斯塔那出土的113号墓中《某氏残族谱》，谱主是河西大族，所列12人中有4人任五品和六品的郡太守、将军之职。此残谱用图表表示，族人名字记在方框内，旁写官衔、简历。以男性为主，夫人只记姓氏并列于左，旁侧记录其父官衔。两列人名之上，各有五六条平行的线，表之上还有同宗之人。

又如1920年在山西太原薛氏祠堂旧址出土的《薛孝通贻后券》，为北魏太昌元年（532）汉东大族薛氏之石刻。内容如下：

大魏大昌元年口月十日，代郡刺史薛孝通，历叙世代贻后券。河东薛氏，为世大家，汉晋以来，名才秀出，国史家乘著显光华者历数百年。厥后竟仕北朝，繁兴未艾，今远官代北，恐后之子孙不谙祖德，为叙其世代以志，亦当知清门显德有所自也。五世祖名强字威明，汾阴侯，与王景略同志。桓温署军谋祭酒不就；符秦召亦却仕；姚兴为光禄大夫，左户尚书。四世名辩，字允白，仕姚氏河北太守，归魏为平西将军。三世名湖，字破胡，为本州中从事、别驾，河东太守。二世名聪，字延知，由侍书郎迁侍书御史，都督徐州刺史。

再如，1920年洛阳北张羊村出土的北魏《魏故使持节假黄钺侍中太师领司徒都督中外诸军彭城武宣王妃李氏墓志铭》，为正光五年（524）八月碑刻。谱牒刻在墓碑的背面，内容如下：

  亡祖讳宝，使持节侍中镇西大将军开府仪同三司并州刺史敦煌宣公。

  亡父讳冲，司空，清渊文穆公。

  夫人荥阳郑氏。父德玄字文通，宋散骑常侍。魏使持节冠军将军豫州刺史阳武靖侯。

  兄延实，今持节都督光州诸军事左将军光州刺史，清渊县开国侯。

  亡弟休纂，故太子舍人。

  弟延考，今太尉外兵参军。

  姊长妃，适故使持节镇北将军相州刺史文恭子荥阳郑道昭。

  姊仲玉，适故司徒主簿荥阳郑洪建。

  姊令妃，适故使持节抚军青州刺史文子范阳卢道裕。

  妹稚妃，适前轻车将军尚书郎中朝阳伯清河崔勖。

  妹稚华，适今太尉参军事河南元季海。

  子子讷，字令言，今彭城郡王。妃陇西李氏，父休纂。

  子子攸，字彦达，今中书侍郎武城县开国公。

  子子正，字休度，今霸城县开国公。

  女楚华，今光城县主。适故光禄大夫长乐郡开国公长乐冯颢。父诞，故使持节侍中司徒长乐元公。

  女季望，今安阳乡主，适今员外散骑侍郎清渊世子陇西李彧，父延寔。

  妃讳媛华，陇西……

从上述残谱和碑谱可基本看出，魏晋南北朝时期谱牒体例基本与汉朝一致，主要有两种，一是图表式，二是叙述式。但谱牒内容有三个特点：一是内容以世系和历官为主，凡任官都记；二是以本姓氏为主，兼叙其他姻亲姓氏；三是以男为主，男女皆记。

（三）第二兴盛期

中华谱牒的发展，在魏晋南北朝时期达到兴盛（第一兴盛期），紧随其后，到唐代又达到了一个新的高度，或称之为"第二兴盛期"。

龚鹏程在《唐宋族谱之变迁》一文中指出："唐代族谱，与六朝相比，皆属官私并行制。"[7]陈捷先在《唐代族谱略述》一文中，对唐代官、私谱的内容作了论述："唐代的族谱大致说来可以分为簿状与谱系两大类，前者为官谱，后者为私谱。簿状主要记姓源、门第、婚姻、官宦等事，是炫耀家世、进入仕途的一种实用证明文件。就体例上看，这种文件是与魏晋南北朝一脉相承的。谱系虽然也具有辨姓氏、联婚姻、明官爵等内容，但记事不必依循政府的规定，内涵显然比较扩大自由，家族中大小事务都可入谱。"[8]

1. 唐代官修谱牒依然兴盛

（1）官修谱牒发展的原因

唐代，随着科举制的推行及九品中正制的废除，朝廷选官标准由重门第变为重诗书。隋文帝时，科举仅以"志行修谨"（德）、"清平干济"（才）两科取人，隋炀帝时增加到十科。唐初考试科目增加为秀才、明经、俊士、进士、明法、明学、明算、一史、三史等十几个科目，其中明经、进士尤为重要。科举制度，不讲出身门第，士族、庶族、地主、农民一律按考试成绩授予官职。彻底否定九品中正制，对门阀士族制度给予了沉重打击。科举制度的推行和完善，使大批寒族士人通过科举成为朝廷高官，唐朝许多宰相、名臣及名人都是进士出身。当时，社会上人们自我炫耀的，不再是门第阀阅，而是进士出身。"有司选举，必稽谱籍"的旧规矩逐渐废弃。再加上隋末农民战争对旧的门阀制度和世家豪族给予了沉重打击，齐韩旧族等燕地大姓出现了"多失衣冠之绪""身未免于贫困"的景象。

虽然九品中正制选官制度废除了，但经过魏晋南北朝几百年形成的世家豪族势力很难一下退出历史舞台，"百足之虫，死而不僵"。在唐朝初、中期，主持科举考试的许多吏部官员仍是世家大族出身，他们营私舞弊，贬抑寒族人才，刻意选拔士族子弟。杨殿珣在《中国家谱通论》一书中指出："九品中正制，迄隋而渐衰，然以氏族郡望相矜之习，至唐代而此风犹未泯。"⑨世家大族的显赫威势虽然大减，但是在社会上仍有很高地位，尤其是山东的崔、卢、李、郑为首的一批士族，更是不可一世，妄自尊大。其嫁女时，必索取巨额聘礼以抬高身价；然而，世人仍以与其攀亲为荣，连唐太宗的许多大臣，也争着向山东士族攀婚。如房玄龄、魏徵、李勣就同山东士族联姻；李敬玄系庶族出身，长期任吏部尚书，前后三次娶山东士族女为妻，仍嫌自己门第不高，又与赵郡李氏合谱；王锷官至宰相，为了得一虚假门望，竟无耻地认太原王翃为从父，并以提拔多名王翃子弟为"名宦"作为条件。

唐朝统治者为新兴起的关陇贵族，为巩固统治，提高寒门和庶族出身朝廷官员的社会、政治地位，就必须压抑旧士族，树立李氏关陇贵族和朝廷重臣新士族的社会、政治地位。编修官谱则是有效手段。于是，唐朝就极为重视谱牒编修和管理。

（2）三次大规模官修谱牒

第一次撰修《氏族志》。唐太宗极为重视《氏族志》的编修，命宰相高士廉亲自主持修编。该书以"今日官品人才作等级"，以"崇树今朝冠冕"为指导思想，将全国族姓分为九个档次，上、中、下三等，每等又分上、中、下三个层次。《氏族志》共记录二百九十三姓，一千六百九十一家，把原来的第一等的山东士族崔、卢、李、郑改为第三等，皇族李氏为第一等，皇族外戚为第二等，非士族出身的新贵均提升等次，形成了以皇族李氏为中心的姓氏排列格局。

第二次编修《姓氏录》。《古今图书集成·氏族典》卷二记载。《氏族志》成书后二十年，因科举制度进一步完善，朝廷老臣退位，大量非士族新贵掌握朝政。"耻其家无名"的庶族官僚李义府，揣透了出身寒门的武则天的心思，联合中书令许敬宗等，以《氏族志》没有记载武后家世为名，向朝廷建议修改《氏族志》。武则天同意并提出总的修改原则："仕唐官至五品皆升士流。"显庆四年（659），高宗下诏修改《氏族志》，定谱名为《姓氏录》。《姓氏录》全书收二百三十五姓，二千二百八十七家，原《氏族志》中无名的武姓后族列为第一等，其余以官职高下为标准，凡五品以上均可入谱。

第三次编修《大唐姓族系录》。唐中宗神龙三年至玄宗开元二年，唐朝第三次修谱，这一次是谱学家柳冲向皇帝建议修改的。皇帝命尚书左仆射魏元忠、史官张锡以及萧至忠、岑羲、崔湜、徐坚、刘宪、吴兢等八人与柳冲"依据《氏族志》重加修撰"。其修撰原则："仍令取其高名盛德、素业门风、国籍相传、士林标准；次复勋庸克懋、荣绝当朝、中外相辉、誉兼时望者，名为等列。其诸蕃酋长晓袭冠带者，亦列一品。目为《唐姓族系录》二百卷。"⑩

（3）唐代官修谱牒与魏晋南北朝时期官修谱牒有所不同。

唐代官修谱牒与魏晋南北朝时期官修谱牒比较有三个不同点：

一是朝廷重视程度大大增强。魏晋南北朝，朝廷设立谱局，令"史书吏"来撰修官谱，部分官谱由治谱为业的谱学者来完成。而唐代为最高统治者直接主持组成专门班子来完成官谱的撰写定稿工作，也有部分官谱由精于谱学的学者撰修。

二是官修谱牒目的不同。魏晋南北朝官修谱牒的目的是区别士族和庶族，保证士族特权不受侵犯，维护世家豪族垄断朝政的集团利益。唐代官修谱牒，主要目的是抑制、排斥旧士族，提高当朝君臣的社会、政治地位，巩固新朝廷的统治地位。

三是官修谱牒姓氏排列次序改变。魏晋南北朝谱牒姓氏以门第、名望高低为标准排列，将庶族排斥在外。唐朝官谱"不论数代以前"，以皇族、后族为先，官品高者紧随其后。

2. 唐代私修谱牒也很兴旺

唐代官修谱牒异常兴盛，私修家谱也毫不逊色。宋许元《许氏世次图序》记载："唐龙朔中，上世宰相府君受帝诏修族志，始有推源。本宗起于汉郡守公据，历十四世至府君。"⑪表明唐皇帝曾下诏修编私谱。朱熹指出："唐人重世族，故谱牒家有之。"⑫证实唐朝私修家谱十分兴盛。唐朝三次大的官修谱牒，大量取材民间家谱资料也说明唐朝私谱兴盛。

唐代重视官谱，然而私谱远比官谱数量大得多。杨殿珣《中国家谱通论》

一书指出："洪迈《容斋随笔（六）·唐书世系表》谓，'唐宰相世系表，皆承用诸家谱牒'，则欧阳修等修《新唐书》时，史局所存谱牒犹多。按《唐书·宰相世系表》共著宰相三百六十九人，凡九十八族，则此九十八族者，自用九十八族之谱牒无疑。史局所存者，当不仅为曾任宰相之谱牒，其余为数当亦不少也。"据《新唐书·艺文志·谱牒类》记载，有关唐代的谱牒著作达95种1617卷。除少数官修谱牒外，大部分为私谱，其中以单一姓氏命名的"家谱""房略""家史""家牒"等谱牒著作近四十种。私修谱牒中绝大部分是一卷、二卷、三卷，也有出现一些十卷、二十卷的，这说明唐代谱牒内容较以前丰富。从一些唐谱的名目可知，唐代家谱已经有了总谱、支谱之分。

3. 唐代谱牒种类增加

唐代谱牒，主要种类有官谱、家谱、家传、家状等。

①官修谱牒。官谱主要是总谱、通谱、联谱类。

②家传。家传是唐代私谱主要形式，一般为自修自藏，单卷本较多，也有多卷本。魏晋南北朝时期多为本族后裔自己修撰家传，入唐以后，出现了代写家传的情况。

③家谱。私修谱牒以"家谱"命名，前篇已述，始见于西晋时期；然而，普遍使用"家谱"命名是在唐代。唐代私修家谱篇幅以单卷本居多，主要是单纯的谱表形式，不夹杂其他内容。

④家状。"家状"是兴起于唐代的私谱名目。魏晋南北朝有"选官据簿状"的说法，簿状是由官府撰拟，与唐代的家状内容并不相同。唐代家状内容近于家传，但有纪传体（家传）与列述体（家状）的区别。家状格式以上报官府口吻，列叙氏族成员官职世宦情况，以历官为主，也有世系。

4. 唐代谱牒体例、内容有所变化

从有关文献和敦煌石窟保存的唐谱残页内容可知，唐代谱牒体例和内容与魏晋南北朝时期比较，既有魏晋遗风，又有很大变化。

《古今图书集成·氏族典》收录唐代颜真卿《世系谱序》，记录了颜氏得姓缘由和颜氏祖先仕途："世为鲁国卿大夫，孔门达者七十三人，颜氏有八，回居四科之首。其后战国有率躅，秦有芝贞，汉有异肆、安乐。魏有斐盛，盛字叔台，历青、徐二州刺史、关内侯，其后子孙咸著宦。"颜氏家谱主要是承袭魏晋南北朝"炫耀祖先门第之高与仕途之久"修谱之遗风。

《全唐文》卷四二八收录了于邵所作《河南于氏家谱后序》：

序曰："邵高叔祖皇朝尚书左仆射……讳志宁，博学多闻……述作之外，修集家谱，其受姓，封邑，衣冠，婚嫁，著之谱序，亦既备矣。历一百七十余年，家藏一本，人人遵守，未尝失坠。洎天宝末，幽寇叛乱，今三十七年。顷属中原失守，族类逃难，不南驰吴越则北走沙朔，或转死沟壑，其谁与知。……所以旧谱散落无余。将期会同考集，不齐奚为，修集实难有待。今且从邵一房自为数例。有若九祖长房今太子少保谯国公欣……邵之弟也。有若九祖第三房今襄王府录事参军载，与邵同在京列，保家履道，为宗室长，邵之兄也。各引才识子弟参定。其宜从而审之，谁曰不可。又以子孙渐多，昭穆编次，纸幅有量，须变前规，亦《春秋》之新意也。今请每房分为二卷。其上卷自九祖某公至玄孙止。其下卷自父考及身已降，迭相补注。即令邵以皇考工部尚书为下卷之首，此其例也。且诸房昭穆即同，寻而绎之，可以明矣。后能代习家法，述作相应，从子及孙，从孙及子，孙孙子子，兴复宗祧，岂唯两卷乎？将十部而弥盛矣。其文公第四子安平公房，此建平公以上三房，衣冠人物全少。今与文公第五子齐国公，文公第六子叶阳公，文公第七子平恩公，文公第八子襄阳公，文公第九子恒州刺史，并以六房同为一卷。就中第五卷以下，子孙名位不扬，婚姻无地，湮沉断绝，寂而无闻，但存旧卷而已。后有遇之者，以时书之。其五祖、九祖分，今叙在三卷，并录之于后。时贞元八年（八月）……于邵述。"

郭峰撰《晋唐时期的谱牒修撰》一文，从于邵序分析，认为唐代谱牒体例和内容在继承魏晋南北朝遗风的同时，又根据需要进行了相应的调整。体例上，一是一房之内，上下分卷；二是分卷断限，以五世为限，各房自九祖至玄孙分为上卷，自第五世起（即邵辈），分为下卷；三是分卷时考虑各房兴衰因素，前三房仕宦人物多、子孙多，编为上、下两卷，第四房至第九房，家世衰落合并为一卷。于氏谱牒的内容也有所变化，于氏两次修谱，第一次反映出唐初承袭南北朝传统，分为序和正文两部分。序记叙了于氏受姓封邑、源流及官宦、婚姻情况，作谱的目的是出仕和婚媾。安史之乱之后，第二次修谱，内容变为三部分：谱序、正文、后录。谱序主要记述修谱经过，阐述体例变动方式；正文根据需要大量增加内容，由一卷变为两卷，由南北朝时以世系为主，变为以世系为主另外"简注"；后录部分谱序三卷，相当于后世家谱文献类之内容。唐谱体例和内容的变化为后世奠定了基础。宋欧、苏"五世图式"的小宗体例之源可能就在于此。[13]

从敦煌石窟出土的《新集天下姓望氏族谱》（现存英国伦敦大英博物馆）来看，该谱分十卷，记载了801个郡姓，依照唐代道、州、郡的行政区划次序排列，每郡列出望族姓氏，少者三姓，多者四十姓。此谱也能体现唐代官谱体例和内容的概况。

5. 唐代谱学名家辈出

唐代官修、私修谱牒的大发展，孕育了一代代谱牒学名家；大批谱牒学名家也促进了唐谱的迅速发展。据王鹤鸣《中国家谱通论》载，唐肃宗时，谱学家柳芳曾对当朝谱学家作过一番评论："唐兴，言谱者以路敬淳为宗，柳冲、韦述次之。李守素亦明姓氏，时谓'肉谱'者。后有李公庵、萧颖士、殷寅、孔至为世所称。"[14]按唐代前期、中期、后期三个时期划分：

（1）唐代前期的谱学名家

路敬淳（？—697），今山东临清人。贞观末，官至申州司马；武则天天授年间（690-692），历司礼博士，太子司仪郎，兼修国史，仍授崇贤馆学士。《旧唐书》卷一八九下《儒学下·路敬淳传》："敬淳尤勤学，不窥门庭，遍贤坟籍，孝友笃敬。……敬淳尤明谱学，尽能究其根源枝派，近代以来，无及之者。"他曾著《著姓略记》二十卷、《衣冠谱》六十卷，对唐代谱学发展影响很大。

柳冲（？—717），今山西平陆人。《旧唐书》卷一八九下《儒学下·柳冲传》："冲博学，尤明世族，名亚路敬淳。"唐中宗景龙年间（707—710），"累迁为左散骑常侍，修国史"[15]。于唐中宗神龙元年（705）受命参与修撰《姓族系录》，至唐玄宗先天二年（713）成书，开元二年（714）定稿，凡二百卷。

（2）唐代中期的谱学名家

韦述（？—757），今陕西西安人。唐玄宗开元五年（717）为栎阳尉，受诏于秘阁编次图书。《旧唐书》卷一〇二《韦述传》："（韦）述好谱学，秘阁中见常侍柳冲先撰《姓族系录》二百卷，述于分课之外手自抄录，暮则怀归。如是周岁，写录皆毕，百氏源流，转益悉详。乃于柳《谱》之中，别撰成《开元谱》二十卷。"韦述在学术方面造诣很深。

柳芳，今山西永济人。柳芳于唐玄宗开元末年入仕，自永宁尉、直史官，转拾遗、补阙、员外郎，多居史职，学术上与韦述关系甚密。

（3）唐代后期的谱学名家

柳璟（柳芳之孙）。柳璟于唐敬宗宝历年间（825—827）登进士第，三迁监察御史，累迁吏部员外郎。开成四年（839），奉敕修《续皇室永泰新谱》。柳璟因其祖父柳芳撰《永泰新谱》，故朝廷诏其撰《续皇室永泰新谱》，其并非长于谱系之学。由此可知，唐代谱学到后期已经显示出衰落趋势。

林宝和李衢是唐代谱学家中的两位殿军。林宝是唐代后期以谙于谱学而著称的学者之一，于唐宪宗时撰成《元和姓纂》十卷，唐文宗开成二年（837），林宝与李衢合撰《皇唐玉牒》，还著有《大唐皇室新谱》一卷。林、李是唐代谱学衰落时期的代表。

四、转型期

中华谱牒，到了宋朝处于重要的变革、转型时期，与魏晋南北朝、隋唐比较，谱牒功能、编修形式、谱牒体例、谱牒内容、续修时间和修谱思想理论等方面出现了较大变化。

（一）谱牒转型的原因

魏晋南北朝、隋唐时期谱牒官修、私修并茂，到了宋代官修废绝，私修兴盛。主要原因有以下六个方面：

1. 唐末战乱，谱牒被毁。唐末黄巢率领农民起义大军，连克江西、浙江、福建、广东、广西、湖南、湖北、河南、陕西等大半个中国，一路上，给了原有士族势力沉重打击。五代十国，尽管只有五十四年，却经历了后梁、后唐、后晋、后汉和后周五个王朝、十个国家，战争连绵不断，促使士族频繁迁徙；士族势力连续遭受沉重打击，纷纷解体；当世用于选官和婚姻的天下望族族谱，大部分毁于战火，崇尚门第的婚姻观受到致命冲击。如黄巢军攻入长安，火烧宫殿、官署，包括谱牒在内的五万多卷典籍荡然无存。开宝八年（975），北宋军队围攻金陵，南唐历朝收藏的图书全部被毁。所藏氏族的谱牒副本和单姓家谱，有的毁于战火，有的跟着它的主人及庄园一起被毁，有的在逃亡流徙中散失。宋朝政府已经失去了编修官谱的基础条件，官谱"中绝""废绝"是谱牒历史发展的必然结局。

2. 科举制度进一步完善。魏晋南北朝时期选官实行"九品中正制"，世家大族在婚姻上讲究门当户对，由于选官与婚姻的需要，谱牒显得非常重要，因此国家专门设立谱牒管理机构——图谱局。到了隋唐开始实行科举制度，旧士族受到沉重打击，但当时唐朝并非从根本上反对士族制度，只是皇族李氏和后族武氏新士族集团代替了旧的士族集团。为适应新士族集团的需要，唐朝曾三次组织大规模的官修谱牒活动。尽管唐朝压制旧士族仕官通途，但人们仍然保留着多年形成的、崇尚旧士族地位的婚姻习惯，以致出现多起朝廷高官向旧士族求婚的事例。到了宋代，因科举制度的进一步完善、严格，人们在仕官和婚姻上逐渐"取士不问家世""婚姻不尚阀阅"，社会风气完全变了。宋代选官和婚配不再依靠官修谱牒，官谱实际上也就失去了存在的必要性，也就是说官修谱牒的"中绝""废绝"是必然的。

3. 宋朝政府支持、提倡私修谱牒。近代一些谱学家认为宋代政府对私修谱牒不予过问、不予支持，私修谱牒的发展纯属民间行为，主要是受欧阳修和苏洵的影响。其实恰恰相反，常建华在《宗族志》里引用了江西宜春《袁邑刘氏族谱》卷一所载《宋真宗敕文武群臣修家谱诏》，说明在欧阳修、苏洵之前宋朝廷是非常支持民间编修私谱的。《宋真宗敕文武群臣修家谱诏》如下：

  朕闻古者，因生赐姓，故有著姓氏之书，别类分门，爰命司姓氏之职。其有关世教之大者，莫若谱也。黄帝二世而颛顼，三世而高辛，四世而尧、舜，禹之先出于昌意，汤之先出于契，文、武之先出于稷，帝王世系固已甚明。汉起沛中，出帝尧之苗裔；唐发陇西，实皋陶之派系。迨至我朝，原于伯益，振于涿郡，太祖皇帝肇造区夏，应天生圣人之祝；太宗皇帝继登大宝，符太平天子之祥。仙源积庆，天派攸分，膺前代授禅之宜，接上世统历之正。尔在朝文武百官，亦必各有原委，其各述祖宗本末，以进朕省览，以知我朝人物之盛。於戏！源之深者，流必长；叶之沃者，光必华。秩秩昭穆，则知祖宗之有自；绳绳世系，实衍谱牒于无穷。故此昭示，咸使闻知。天禧五年（1021）辛酉□月□日敕。

4.宋朝社会经济发展，都市繁荣，有力促进私谱发展。宋朝农业和手工业发展迅速，社会经济繁荣，商品经济活跃，尤其是海上贸易发达。当时长安、开封、洛阳、苏州、扬州、杭州、泉州、广州等较大都市极为繁荣。随着农村土地兼并加剧，城市商业兴盛，财富集中，大族兴起。宗族雄厚的经济实力为家谱编修提供了条件，有力促进了谱牒发展，如盛清沂在《试论宋元族谱学与新宗法之创立》一文中说："家族既大，所记之事必多，财力、人力亦必充牣。族谱自南宋以后，内容迅速扩大，著作亦必增多。"

5.印刷业发达促进私谱兴盛。据学者考证，雕版印刷术发明于我国唐代，然而印刷术因刚刚起步，唐代抄写著作仍是传播文化的主流。宋代印刷业遍布全国，在四川、杭州、福州、徽州、建康、汴梁等地均有刻书机构，形成刻书中心。刻书机构主要有官刻、坊刻、私刻等，私谱往往使用私刻，按房、支数量及时印刷，这就大大促进了私谱发展。

6.教育制度腐败,有利于私谱发展。宋代科举规范,但教育制度非常腐败。由于学校难以培养人才,于是很多官僚士大夫、土著豪族,为了教育宗族子弟获取功名,争相举办宗族学校。举办宗族学校与宗族族谱编修相辅相成,一方面,宗族办族学,不仅要解决校舍问题,而且要解决师资待遇问题,需要利用修谱把宗族组织起来,以编修私谱为主的宗亲联谊活动,是收聚族人解决公共教育事务问题的有效途径;另一方面,宗族教育把谱牒"尊尊亲亲之道""统宗收族"谱学思想教育作为主要内容,促进了谱牒的发展。

(二)谱牒功能的变化

魏晋南北朝时期,修谱主要为选官、婚配服务,突出"别选举、定婚姻、明贵贱"的社会政治功能。隋唐、五代以来,经多次沉重冲击,到了北宋,"有司选举,必稽谱籍,家之婚姻,必由谱牒"的局面已基本改变;谱牒区别门第和身份的社会政治功能基本消失。由于战争频繁,社会极不稳定,分散的族人需要联合,朝廷也需要因氏族的联合带来的社会稳定局面以维系政权。谱牒以"尊祖、敬宗"的面目出现,以达到"收族"的目的。"尊祖、敬宗、收族"和"尊尊亲亲之道"的道德教化,正是宋代谱牒之主要功能。

(三)修谱形式的变化

魏晋南北朝、隋唐时期,官修、私修并重,朝廷设有图谱局等谱牒编修管理机构,世家大族编修的私谱,一般也要得到朝廷的认可,并与官谱互相参考,共同发挥选官和婚配的社会政治功能。到了五代,这种官、私并重的谱牒管理状况发生变化。至宋代,朝廷不再设任何谱牒管理机构,谱牒纯粹是各宗族编修,所编修的谱牒只需在本宗族各支、房保存,无需上报官府。"私谱不示外人",本宗族的谱牒只限于本宗族人内部使用,不得随意让族外人知道。这与魏晋南北朝、隋唐的私谱必报官公布于众的规定有本质的区别。

(四)谱牒体例以一族一姓之私谱为主,会通谱、联宗谱为辅

所谓体例,就是谱牒编修的格式。魏晋南北朝、隋唐时期谱牒体例多为图表式、一贯连叙式、先叙得姓原由再叙世系及官位三种。宋代谱牒体例则绝大部分为一族一姓之私谱,会通谱、联宗谱只处于辅助地位。一族一姓谱

牒之编修格式又大大突破前朝：一是无论图表式、叙述式，世系的代数按近亲远疏的原则界定为"五世一图"，即所谓"五世图式"的小宗体例；二是其叙述内容增加，格式稍复杂。

（五）谱牒内容大量增加

魏晋南北朝、隋唐时期谱牒之内容，基本为谱序、正文和后录三部分。谱序一般记录修谱经过、姓氏源流等；正文多为世系，多记历官，少有简介；后录部分记录简要文献之类，总体较为单一。宋代谱牒，根据有关文献揭示其内容已有十余项，基本形成了包括表、志、图、纪、例为主的正史文体。

谱序：主要记录谱牒编修和续修情况及先世仕官与德行、修谱意义等；

源流：记录族姓来源、宗族迁徙经过；

谱例：记录编修谱牒的基本原则；

世系图：一般按欧阳修五宗九世的"五世图式"之法，将宗族先世至当世宗族成员按辈分列成图表，表明继承关系；

谱系本记：将直系近世亲属的世宦、婚姻、子女、享年等情况，简要排列记录；

族规：也称家训、家诫等，记录约束族人的宗族法规；

族产：记录坟墓、义庄、义田等宗族共有财产；

行实传记：为本宗族中为官者以及"一行之善，一艺之长"的族人作传记；

艺文：记录朝廷、官府为本宗族颁发的诏谕，以及本宗族的诗文等。

（六）续修谱牒间隔时间发生变化

宋代以前已经出现一家一族谱牒续修的情况，但并不普遍，即使续修也间隔时间较长。宋代私谱盛行，开始出现了本宗族谱牒一修再修的连续续修情况，特别是理学集大成者朱熹说："人家三代不修谱，则为不孝。"[16]孝子贤孙们连续修谱成风。何为"三代"，有人认为是三十年，有人认为一代约为二十年，"三代"应为六十年。无论怎么理解，实际上宋代之后，基本形成了三十至六十年续谱的惯例，当然因特殊情况也有十几年一修或一百多年一修的情况。

（七）修谱思想、理论出现重大变化

突出表现在欧阳修、苏洵的修谱思想和小宗体例，朱熹的修谱思想、理论，邓名世、郑樵的修谱思想、方法等方面。

1. 欧阳修与《欧阳氏谱图》

欧阳修（1007—1073），字永叔，号醉翁，又号六一居士，谥文忠，世称欧阳文忠公。汉族，江西永丰县河溪人。北宋卓越的文学家、史学家、政治家和诗人。

欧阳修与唐朝韩愈、柳宗元，宋代王安石、苏洵、苏轼、苏辙、曾巩合称"唐宋八大家"。他是千古文章四大家（韩、柳、欧、苏）之一，还是北宋诗文革新运动的领导者，苏轼、苏辙、苏洵、曾巩、王安石皆出其门，其诗、词、散文均为一时之冠。他的代表作有《醉翁亭记》《秋声赋》等。

欧阳修也是一位名副其实的谱学家，他在编修《新唐书》时，专门设置《宰相表》《方镇表》《宗室世系表》《宰相世系表》四表，揭示了唐代宰相进退、宗室世族隆替和藩镇势力消长的线索。在《宰相世系表》中，他首次使用引谱入史的做法，引用大量私谱资料，详细记述369位宰相，涉及98个宗族世系。他发现自己宗族族人都不太清楚本族世系，并且本族旧谱文字严重残缺，言词不雅，决定重新编修本族谱牒，但"唐末丧乱，籍谱罕存，无所取则"[17]。他采用史书的体例和图表方式，将五世祖欧阳万以来本家族的迁徙、婚嫁、官封、名谥、享年、墓葬等，画出世系，制成谱图，创新修编成一部新型家谱——《欧阳氏谱图》。

《欧阳氏谱图》以五世为一图，由高祖至玄孙，此图玄孙则为下图高祖，以此类推。此法是欧阳修将周代五世则迁的小宗之法用于修谱，五世亲尽，亲尽则迁，所以另设一图。反映了"略远详近""亲疏有伦"的谱学思想。欧阳修在《欧阳氏谱图序》中说："自宋兴三十年，而吾先君伯父、叔父始以进士登于科者四人。后又三十年，某与其兄之子乾曜又登于科。"意思是说欧阳氏宗族科举仕官成功，有赖于"祖考之遗德"，即主要靠遵守"以忠

事君，以孝事亲，以廉为吏，以学立身"的儒家伦理道德规范。他希望本族族人继承祖先遗德以光宗耀祖，通过编修族谱实现"尊尊亲亲""统宗收族"的谱学功能。

2. 苏洵与《苏氏族谱》

苏洵（1009—1066），字明允，号老泉，四川人。北宋散文家，与其子苏轼、苏辙合称"三苏"，均被列入"唐宋八大家"。27岁开始发愤读书，十年闭门苦读，学业大进。仁宗嘉祐元年（1056），他带领苏轼、苏辙到汴京，拜见翰林学士欧阳修。欧阳修高度赞赏他的《权书》《衡论》等文章，认为可与贾谊、刘向相媲美，遂竭力向朝廷推荐，一时公卿、士大夫争相传诵，文名大盛。嘉祐五年，苏洵被任为秘书省校书郎。代表作有《六国论》等。

苏洵也是卓越的谱学家。他于仁宗至和年间修成本宗族族谱——《苏氏族谱》，在论述自己作谱原因时说："情见乎亲，亲见于服。服始于衰，而至于缌麻，而至于无服。无服则亲尽，亲尽则情尽，情尽则喜不庆、忧不吊，喜不庆、忧不吊则途人也。吾人所以相视如途人者，其初如兄弟也，兄弟其初一人之身也，悲夫，一人之身分而至于途人，吾谱之所以作也。"⑱苏洵在《苏氏族谱·谱例序》中强调："呜呼！观吾之谱者，孝弟之心可以油然而生矣！"他是想通过宗族修谱实现收族孝悌的愿望。

《苏氏族谱》内容包括谱序、谱例、世系图、世系传、人物传记等，与欧阳修的《欧阳氏谱图》基本一致。《苏氏族谱》的体例也与《欧阳氏谱图》基本一致，均为"五世图式＋世系小传"；只是苏洵图谱之法，一方面强调父子相继关系，主张五世一图、五世则迁的小宗体例，另一方面又强调对兄弟分支加以区别，合各支谱为一编，推行大宗之法。总之是五世为图，五世之外，亲尽服穷，图表不载，以宗法为则，详近而略远，较欧阳氏谱法更为严格。

3. 朱熹与《婺源茶院朱氏世谱》

朱熹（1130—1200），字元晦，一字仲晦，号晦庵、晦翁、紫阳、考亭先生、云谷老人、沧州病叟、逆道，江西婺源人。19岁进士及第，曾任荆湖南路安抚使，仕至宝文阁待制。朱熹学问赅博，是南宋著名的理学家、思想家、哲学家、教育家、诗人。他继承了北宋程颢、程颐之理学，是宋代理学集大成者，是继孔子、孟子之后封建社会后期中国最伟大的儒学大师。

朱熹对谱牒学作出了杰出贡献，他不仅应邀为当时十余种家谱撰写序言，在谱学思想、修谱意义、体例、内容及编修人员素养等方面作出重要论述，而且身体力行，亲自编修本族《婺源茶院朱氏世谱》。朱熹的谱学思想内容非常丰富、全面，是其理学思想的重要组成部分，主要有以下几个方面：

一是朱熹在得姓缘由、始祖、始迁祖及宗族迁徙方面，强调实事求是。对冒认祖先、攀附显贵的现象深恶痛绝，他在《文公赠石氏宗谱序》中指出："自谱牒久废、源流无据，崛起草野之夫，而求附圣明之后，生长夷狄之部，而僭窃帝王之裔，噫！可慨已！"[19]对有些氏族，始祖信息模糊，朱熹回避始祖，而是从始迁祖介绍姓氏源流；有些宗族不仅始祖信息模糊，而且始迁祖也不清楚，朱熹就笼而统之地介绍，甚至干脆不予介绍。

二是朱熹从宗法立废的角度，论述谱牒的发展历史。如朱熹《新安潘氏宗谱序》载："先王锡士姓，而世族兴，其初一人，久则散漫，延于天下，溯其源则天下一大族也，同姓一气脉也。古者宗法立，而亲亲之道益著。"朱熹认为，自周平王东迁洛阳后，昭穆有序的宗法制被破坏，于是谱系应运而生，使辨昭穆之制得以保存。还认为，魏晋南北朝、隋唐时谱牒受到重视，谱牒得到发展；唐代之后，"迨夫五季之衰"，谱牒"忽而不讲"，只是少数富贵文儒宗族世系可辨；到了宋代"我朝文运聿新，衣冠之族往往笃于伦谊，日日瑞昌"[20]，重新开始重视谱牒编修。朱熹对中国谱牒发展的曲折过程的论述基本符合谱牒发展历史实际。

三是朱熹在撰写的诸多谱序中，论述了修谱的宗旨和意义。他在《欧阳氏通谱序》中指出："谱牒所以序昭穆，别长幼，摄人心者也；厚风俗，使人不忘本也。"他在《（湖南安化）胡氏十修族谱序》中说："谱既著矣，上而本源明，尊卑叙示有尊也；下而亲疏别，异同辨示有亲也。尊尊亲亲，人道立矣。人道立而孝敬生，则胡氏之族愈有光焉而不坠。"

在谱序中，朱熹从正反两方面论述谱牒世系的作用。朱熹在《文公赠石氏宗谱序》中指出："夫姓氏以人物为荣，不以人物为辱，彼区区改氏昌姓者，何益哉？能言其祖，则郯子见称，不识其先，籍谈贻讥。甚矣，世系不可不明也。夫世系，明逆顺之理，别亲疏之分，封建之所以久长，统绪之所以继述，其有关于世教也，至矣！"[21]朱熹认为，若不讲究世系，则"人不知来处"，视族人为途人，"去古既远，士大夫多昧乎水源木本之理，或祖宗功高望重，一传之后，子孙废坠，不能振拔，遂凌夷久而失其真者，岂少也哉！良由谱牒之不讲。程子尝言谱牒废，则人不知来处，以至流转四方往往不识，正谓此耳"[22]。朱熹认为，修谱能使昭穆分明、本源自辨，即使族人流迁千里之外，也能披图按籍，不忘厥祖，亦即"千流万派，总归一源，叶茂枝繁，不离一本"[23]。

在谱序中，朱熹将家谱定义为家史，并与国史并列。他在《芎城族谱原序》中指出："家有谱，犹国有史也。国无史，万载帝王之传统、正闰、隆替，何从而验其实？家无谱，某昭某穆、世系本源、某派子孙，亦何而考其真？"[24]

四是朱熹在谱序中，对修谱内容、体例以及修谱人素养也有重要论述。他把谱牒体例、内容归纳为两方面："谱牒之系大矣哉！自公卿大夫及庶人，必有谱牒。夫谱牒有二：一曰文献，则详其本传、诰、表、铭、状、祭祀之类；一曰世系，则别其亲疏、尊卑、嫡庶、继统之分。非世系无以承其源流，非文献无以考其出处。述祖宗之既往，启后人之将来，岂不本于是欤？"[25]朱熹十分推崇欧、苏之谱法，他在《（湖南安化）胡氏十修族谱序》中提出"志欧、苏之志，法欧、苏之法"的观点，他认为只有欧、苏这种体例，才能使家谱"同本源，序尊卑，别亲疏，辨异同"，实现昭穆伦理的宗旨。

朱熹提出修谱人必须具备实事求是记录的素养："夫家乘者，一家之史也，失实不可，厚诬亦不可。"[26]他也是这样做的，在编修本宗族茶院朱氏族谱时，力排众议，拒绝与本宗族非同源的亳州永城丹阳朱氏续谱。

五是朱熹倡导的"三纲五常""三从四德""仁、仪、礼、智、信"等儒家理学思想，被朝廷推行，为宗族接受，成为谱牒的灵魂，极大提高了谱牒的伦理教化功能。

六是朱熹在《(安徽休宁)平阳郡汪氏宗谱序》(光绪二十二年)中说"三代不修谱,为不孝",明确提出族人"三代必修谱"否则为"不孝"的观点。

朱熹创新了修谱体例和方法,为中华谱牒的繁荣发展作出了巨大贡献。

4. 邓名世与《古今姓氏书辩证》

邓名世,字元亚,江西抚州临川人,南宋著名学者。邓名世家学深厚,精通《春秋》学,以教授著作为业。绍兴二年(1132)御史刘大中官宣江西,录其书荐呈朝廷。绍兴四年(1134)三月,宋高宗召见邓名世,遂献《春秋四谱》《辩论谱说》《古今姓氏书辩证》,吏部尚书胡松年阅后称赞其书:"贯穿群书,用心刻苦","学有渊源,辞亦简古,考定明切,多所按据"。于是高宗赐邓名世进士,以删定官兼史馆校勘。邓名世累官著作佐郎,与朱熹之父朱松同局共事。绍兴十一年(1141)冬,邓名世因忤秦桧旨,以"擅写日历"罪名被罢官,后在家乡去世。

《古今姓氏书辩证》以《左传》《国语》所载姓氏为主,按诗韵分部,对《风俗通》以下有关姓氏著作,取其长而辨其舛误,将宋代《熙宁姓纂》《宋百官公卿家谱》二书相互参校,辩证颇为详明,故命名《古今姓氏书辩证》。《古今姓氏书辩证》从北宋政和年间即着手编撰,父子相继,于南宋绍兴四年(1134)成书,历时二十余年。原本已佚,今本乃乾隆年间从《永乐大典》中辑出,仍为四十卷。

《古今姓氏书辩证》明显优于《元和姓纂》《新唐书·宰相世系表》和《通志·姓氏略》等几种姓氏谱牒著作,有以下几个优点:

首先,该书广征不同类别古代文献之材料,而这些古代文献到宋元之后都已佚,其主要内容却在《古今姓氏书辩证》中得以保存。这些古代文献有秦汉的《世本》《风俗通义》《汉书集解音义》《急就篇》等,魏晋南北朝的《神仙传》和《博物志》、皇甫谧《帝王世纪》、虞豫《复姓录》、何承天《姓苑》、王俭《百家谱集》、贾执《姓氏英贤传》、张诠《南燕录》等;唐代的李利涉《盛氏谱》、孔至《姓氏杂录》、张九龄《姓源韵谱》等;宋代的采真子《千姓篇》、邵思《姓解》、曹大宗《姓源韵谱》、邓名世《春秋四谱》。

其次,该书对一些大姓的世系源流、支派分布以及郡望数量的记载,比今本《元和姓纂》等著作更为精确、详实。《元和姓纂》至宋多已散佚,至清更是"绝无善本,仅存七八",而在邓名世作该书时《元和姓纂》卷帙尚多,后代谱牒、姓氏之书凡摘引《元和姓纂》者,均无该书详确。

再次,该书在《元和姓纂》等前代姓氏文献之外,又补充了四十余姓。

《古今姓氏书辩证》对后世姓氏谱牒学产生深远影响,堪称宋代姓氏谱牒学集大成之成果。

5. 郑樵与《通志·氏族略》

郑樵（1104—1162）,字渔仲,福建莆田人。郑樵一生不应科举,刻苦为学30年,立志读遍古今书,毕生从事学术研究,在经学、礼乐之学、语言学、自然科学、文献学、史学等方面均取得成就。郑樵一生专心著述84种,今仅存《通志》《夹漈遗稿》《尔雅注》《诗辨妄》及一些零散遗文。《通志》为一部二百卷的巨著,分传、谱、略三部分。其中二十略五十二卷,是全书精华。《氏族略》为考辨、论述姓氏的专著,共收录2255个姓氏。该书参阅《元和姓纂》等,将姓氏起源分为32类,列举姓氏混淆13种,旁征博引,考释甚详。该书对姓氏作了系统的学术探讨,对中国姓氏源流、氏族分合及世系衍派均有详尽论述。《氏族略》在中国姓氏学研究中有很高的学术价值。

《氏族略》为纠正唐代以前谱学典籍的一些偏颇论述,"澄本正源",提出了如下真知灼见:

一是对中国古代姓与氏的功能及由"分而为二"到"合而为一"的发展过程,作了精辟论述:"三代之前,姓氏分而为二,男子称氏,妇人称姓。氏所以别贵贱,贵者有氏,贱者有名无氏。……"

二是对隋唐以前中国谱牒的类型、作用、机构以及发展变化作了论述。郑樵认为:"自隋唐而上,官有簿状,家有谱系,官之选举必由于簿状,家之婚姻必由于谱系。历代并有图谱局,置郎、令史以掌之,仍用通古博今之儒知撰谱事。凡百官族姓之有家状者则上之官，为考定详实，藏于秘阁，副在左户。若私书有滥，则纠之于官籍；官籍不及，则稽之以私书；此近古之制，以绳天下，使贵有常尊，贱有等威也。所以，人尚谱系之学，家藏谱系之书。自五季以来，取士不问家世，婚姻不问阀阅，故其书散佚而其学不传。"[27]

三是用大量篇幅对"得姓受氏"的缘由进行了详细分类与论述。郑樵参阅《元和姓纂》，取材《史记》《春秋》《世谱》等著作，将上古以来"得姓受氏"的缘由，绳绳有序，各归其宗，分为32种类型，即：

一曰以国为氏，二曰以邑为氏，三曰以乡为氏，四曰以亭为氏，五曰以地为氏，六曰以姓为氏，七曰以字为氏，八曰以名为氏，九曰以次为氏，十曰以族为氏，十一曰以官为氏，十二曰以爵为氏，十三曰以凶为氏，十四曰以吉为氏，十五曰以技为氏，十六曰以事为氏，十七曰以谥为氏，十八曰以爵系为氏，十九曰以国系为氏，二十曰以族系为氏，二十一曰以名氏为氏，二十二曰以国爵为氏，二十三曰以邑系为氏，二十四曰以官名为氏，二十五曰以邑谥为氏，二十六曰以谥氏为氏，二十七曰以爵谥为氏，二十八曰以代北复姓，二十九曰以关西复姓，三十曰以诸方复姓，三十一曰以代北三字姓，三十二曰以代北四字姓。

按以上32种类型，共收录2255个姓氏。《氏族略》对每一姓氏得姓缘由进行记述，并依历史文献，对各姓氏重要历史人物的姓名、字号、籍贯、仕宦以及有关事迹一一作了介绍。

四是对以往在姓氏来源上混淆不清的十三个方面、有误的事例予以澄清。十三个方面，即：第一同名异实，第二改氏，第三改恶氏，第四汉魏受氏，第五变夷，第六变于夷，第七别族，第八避讳，第九音讹，第十省文，第十一省言，第十二避仇，第十三生而有文。共列举姓氏来源有误，进而加以澄清的事例350余个。

（八）宋代皇族谱牒

唐代以前，皇族谱牒名称有"世谱""谱牒""属籍""帝谱""帝室谱""皇帝宗族谱""宗室谱"等。唐代皇族谱牒比较完整：有专记帝籍的"玉牒"，专记后籍的"谱牒"，专记帝系的"天潢源流谱"，专记皇子、皇女、皇孙的"偕曰谱""皇孙郡玉谱"，以及记录整个皇族的"宗室谱"。

宋代，朝廷依前代旧制，设立宗正寺，为撰修、管理皇族谱牒之机构。把皇族谱牒分以下五类：

1. 玉牒。以编年体例记载皇帝、皇后从出生到死亡的活动及事迹。

2. 属籍。是宋初侧重记载皇族一般宗室成员（包括皇族女子）的谱牒。"属籍"体例以记叙体形式出现，不但记叙"同姓之亲"的宗室成员，而且证明他们与五服亲之间的血缘亲疏关系。

3. 宗藩庆系录。是记录宗室成员的世系传承，并世代不断修纂的皇族谱牒。

4. 仙源积庆图。是主要记录宗室成员之间的分支派别关系的皇族谱牒。

5. 仙源类谱。是各类皇族谱牒中，记载宗室成员事迹最全面的皇族谱牒。不但记载宗室男女，而且对宗妇也加以记载，对官爵、事迹的记载基本上是为每位入谱成员立个小传。

宋朝，皇族谱牒管理机构逐步完善，景祐元年（1034）在编修院内临时设立玉牒所，直到元丰官制改革之后，玉牒所才正式隶属于宗正寺；绍兴十二年（1142）建立南宋独立的玉牒所。

宗正寺（或玉牒所）重要职责是具体负责宗室日常事务的记录。宗室成员的出生、死亡、赐名、立名、婚娶、官爵迁叙以及功罪等，平时均要及时登记在案。大宗正司及外宗正司，则要定期将有关材料上报宗正寺；散居在外或外任官的宗室成员，则"委宗正寺逐年取索附籍"。皇族谱牒的资料主要来源于宗正寺的平时积累。

宋代皇族谱牒的编修年限和装帧也很讲究。定期修谱制度为"录一岁，图三岁，牒、谱、籍十岁"㉘，即《宗藩庆系录》一年一修，《仙源积庆图》三年一修，《玉牒》《属籍》《仙源类谱》十年一修。皇族谱牒的装帧因所载人物不同而分为不同的级别，但都极其豪华昂贵。据孙逢吉《职官分纪》

卷十八《修玉牒官》所载，北宋皇族谱牒的装帧为："凡玉牒书，以销金花白罗纸、金轴、销金红罗标带，褆黑漆金饰匣，红锦裹金销钥；属籍诸王书，以销金白绫纸、银轴、红锦标带，红罗褆黑漆涂金银饰匣，锦裹银销钥；公侯以下，白绫纸，牙轴，余如诸王。"㉙

五、完善期

元代家谱编修，呈现出转折期到完善期的过渡形态，总的特征是沿着宋代私修家谱体例、内容、形式的轨道，继续向前发展。呈现过渡形态的主要原因是频繁的战争和少数民族统治。元代属于少数民族统治下的混杂社会，在这种情况下，一般宗族聚族联合的要求更为迫切，直接促进修谱之风盛行。宋、元之际，战争频繁，人民迁移不定，族谱损失十分严重。盛清沂《试论宋元族谱学与新宗法之创立》载："河南人许有壬在《至正集》卷七二《题刘氏族谱》中估计：士大夫家贵知其族，及荡于兵，宰相世系之隆，子女有不知其自出者……士大夫家有其谱者百不一二。"因族人分散，家谱散佚，元人修谱十分困难。与前代比较，元代修谱之宗旨，仍然是欧、苏倡导的"尊祖、敬宗、收族"的教化功能，仍然是"尊尊亲亲之道"的伦理教育。发展变化突出表现在以下几个方面：一是因宗亲四散，元代修谱更为迫切，更加强调收族；二是少数民族统治下的汉族注重与五服以外的族人联合，主张收聚五服以外的族人，变"五世图式"小宗体例为十几世、二十几世，甚至更多世代的大宗体例，继而出现了正谱、支谱、大宗、小宗共存的体例；三是元代家谱记载族人的范围扩大，重视女性，出现了不论男女族人均予以记录的情况；四是元代修谱特别强调族人不论贫富均须"一一登明谱牒"，特别强调对族内孤寡老疾的抚恤，乃至扩大到对里党乡邻的抚恤；五是元代修谱的最终目的是"重伦理，厚风俗，助世教"，与宋代稍有不同；六是元代修谱强调宗族声誉，注重扩大影响，请名人作序成风；七是元代谱牒为避免战乱破坏，碑谱盛行，流行在墓碑阴面和祠堂石碑上刻谱，"以垂永久"；八是因元代谱牒强调祖先世系追远溯始，往往家谱世系数十代；因注重宗族声誉，而容易带来冒认祖先、攀附假托的弊端。

与宋代转型及元代过渡形态特征不同，到了明代，中华谱牒则趋于成熟、完善。有如下七个方面的特征：

（一）明谱数量大幅增加

宋代大族兴起，在朝廷支持下，印刷业发展，文化名人带头，私谱得到长足发展。据《宋史·艺文志》统计，谱牒总量达110种。元代私谱继续发展，据多贺秋五郎在《中国宗族的研究》中统计，各文集所录族谱，篇名达188部之多，估计当世谱牒应在200种以上。然而，因元代战争和动乱，目前存世的宋元谱牒只有20种，其中徽州占近一半。进入明代，朱元璋以孝治国，"尊祖、敬宗、收族"的修谱宗旨为宗族所接受，加之明代江南经济迅速发展，修谱习俗开始向各地普及，致使谱牒数量大幅上升。据《中国古籍善本书目》史部载，明代谱牒（家传、家谱、玉牒）有439种，这只是大陆存谱的一部分，不包括海外谱牒收藏机构的藏谱。据专家分析"明代曾经编修的家谱当数以千计"[30]。

（二）明代谱牒功能发生变化

自宋代开始，谱牒功能发生明显变化，已由之前的"别选举、定婚姻、明贵贱"的社会政治功能，转化为"尊祖、敬宗、收族"的道德教化功能。宋代道德教化功能，是通过修谱对族人进行"尊尊亲亲之道"的伦理教育来实现的。到了明朝，道德教化功能，是通过修谱对族人进行遵循"三纲五常"的教育来实现的。南宋理学集大成者朱熹倡导的"三纲五常"构成了明代谱牒的灵魂。

明朝开国帝王朱元璋倡导"以孝治国"，向全国诏示《圣谕六言》："孝顺父母、尊敬长上、和睦乡里、教训子孙、各安生理、毋作非为。"朱熹之"三纲五常"和"四礼"（冠、婚、丧、祭礼）是《圣谕六言》的具体和细化，成为明谱谱序、家规、谱例等主要内容所不可缺少的。如《休宁叶氏族谱》载："皇祖六谕以示宪章，四礼义节以遵划一，世守家规以昭燕贻。"[31]

在明代，"三纲五常"这一主流意识形态深入社会各个领域，从中央到地方社学、私塾，都成为灌输这一思想的阵地，当然也成为修谱宗旨。翻开明谱，在谱序、家规、传记、凡例等栏目记载中都充斥着"三纲五常"的说教。所谓"三纲五常"，"三纲"即指君为臣纲、父为子纲、夫为妻纲；"五常"亦称五伦，指君臣、父子、夫妇、兄弟、朋友。"君为臣纲"，即作为臣子对皇帝要忠；"父为子纲"，即作为子女，对父母要孝；"夫为妻纲"，即作为妻子，对丈夫要服从。"五常"是对"三纲"的补充，是实施"三纲"的行为规范。君臣、父子、夫妻、兄弟、朋友"五伦"的关系准则为"君臣有义""父子有亲""夫妇有别""长幼有序""朋友有信"。

在明谱中，"三纲五常"的渗透可谓淋漓尽致，如婺源《武□王氏统宗氏谱》的《庭训八则》要求遵守孝、悌、忠、信、礼、义、廉、耻。其忠字条，要求入仕宗族子弟"公而忘私，国而忘家"，"事君则以忠，当无二无他以乃心王室，当有为有守而忘我家身。为大臣，当思舟楫霖雨之才；为小臣，当思奔走后先之用；为文臣，当展华国之谟；为武臣，当副干城之望"。《仙源王氏宗谱》（1927）刊载万历十五年族约："夫父母者，身之所从出也。……父母爱之，喜而弗忘；父母恶之，惧而无怨；父母有过，谏而不逆；父母既没，必求仁者之粟以祀之。"《绩溪积庆坊葛氏族谱》（嘉靖四十四年）："闺门务要严肃，使男子位乎外，女子位乎内，不可淆乱。"歙县潭渡黄氏宗族《潭渡孝里黄氏家训》规定："风化肇自闺门，各堂子侄当以四德三从之道训其妇，使之安详恭敬，俭约操持，奉舅姑以孝，事丈夫以礼，待娣姒以和，抚子女以慈，内职宜勤，女红勿怠，服饰勿事华靡，饭食莫思饕餮，毋搬弄是非，毋凌厉婢妾，并不得出村游戏，如观剧玩灯、朝山看花之类，偿不率教，罚及其夫。""妇人义当从一而终。有夫亡再醮及有故被出者，虽有子不书，盖不为其父也妻，则不为其子也母，义所当削也。"《绩溪鱼川耿氏宗谱》《绩溪县南关惇叙堂（许氏）家谱》家训对"五常"有一段集中的解释：一是君臣，君王要仁爱百姓，臣子要尽忠报国，君明臣忠，即君臣有义；二是父子，父亲要做慈父，儿子、媳妇要做孝子孝妇，父慈子孝，即为父子有亲；三是夫妇，丈夫要做义夫，妇人要做贤妇，夫义妇顺，即为夫妇有别；四是兄弟，兄爱弟，弟敬兄，即长幼有序；五是朋友，待朋友要言而有信，以信义相结，即朋友有义。《（休宁）宋氏族谱》指出："五伦者，纲常之大道，人生之坦途。世间唯禽兽无五伦，然羊知跪乳，鸦知反哺，豺獭知报本，蜂蚁知君臣，鸿雁知夫妇，莺知求友，鹡鸰知兄弟，是禽兽亦知五伦也。何以人而不如物者乎？吾子孙虽以纲常为己任，日用躬行，尽孝尽弟为先，凡事有关人伦者，须思尽人伦道理，凡事有背人伦者，一毫不可干犯。子孙尚有不孝不弟不友，如犯上乱伦之类，许族唤入公堂，以家法责治。其能改行从善者，与人自新，怙恶不悛者，闻之官，治以官法。"㉜

明代，族人还采用碑刻和绘制卷轴张挂的谱牒形式宣传"三纲五常"，甚至有的谱牒，强调族人必须学习朱熹的"小学书"等强制灌输"三纲五常"。

（三）明谱编修体例更为完善

明代谱牒，一般仍按欧、苏"五世图式"体例，曾、玄为一图，但五世之外，则远近均书，采取"小宗、大宗结合之法"；世系图表可上溯几十代，乃至上百代。如《虎墩崔氏族谱》（万历四十年）谱例：一方面表示"依欧、苏近代名家谱例"，另一方面又"酌以时宜，或增或损"。该谱"始祖为主，统其子孙，曾玄是为五世，五世派尽，仍以第五世抬头复位五世，后五而九，九而十三，例而衍之"。"自始祖而下必以嫡长相承，支庶别出，长子一支派尽，然后支系以次序派庶伦序相当，支派不紊。"一部家谱成了一个家族百世之纲纪，远远突破了欧、苏"五世图式"体例的框架。

明谱在体例上另一个重大变化就是开始模仿正史来编修家谱。明谱谱序中将谱牒比拟为正史的学者增多，不少谱牒的体例按正史来设计。《古今图书集成·氏族典》卷二八二，刊有明汪道昆《十六族谱序》，汪序简介该谱内容为十项，即一周本氏略，二鲁世家略，三越国世家，四龙骧以下世表，五本支世表，六分支世表，七小传，八列传，九墓志，十典籍。以上十项，一是本纪体，二、三是世家体，四、五、六为表体，七、八为列传体，九、十为志体。本纪、世家、表、列传、志系司马迁《史记》体例。

（四）明谱修编内容更为丰富

据王鹤鸣《中国家谱通论》载，宋元时期，谱牒内容主要有谱序、谱例、科第、恩荣、祖先考辨、世系图、世系录、传记、祖墓、支派、文翰等。到了明代，尤其是明中期以后，家谱内容增加很多。综合分析多部明谱，主要内容有谱序、谱论（谱说、援古）、谱辨（谱镜、谱撮）、谱例（凡例）、姓氏源流（得姓始末）、诰敕（恩纶、恩荣、告身、赐谕、公文）、世系（世系图、世系表）、世系传（世系录、传实、行实、世录）、先世考辨、祠堂、居徙、仕宦（仕宦录、科第录、荐辟系）、神像、文献、家传、行状、族规（家训、族约、祠规、祠约、家规、家约）、宅第、丘墓、艺文（文献）、风俗、贞节（节孝）、遗迹、里社、行辈（派语、字辈）、黜削、领谱字号、修谱名录、续修、杂记、续后（余庆录）等三十余项。比较两朝谱牒内容，明谱明显增加的内容为诰敕（恩纶、恩荣、告身、赐谕、公文）、祠堂、居徙、仕宦（仕宦录、科第录、荐辟系）、神像、行状、族规（家训、族约、祠规、祠约、家规、家约）、谱辨（谱镜、谱撮）、宅第、风俗、遗迹、里社、行辈（派语、字辈）、领谱字号、修谱名录、续修、杂记、续后（余庆录）等近二十项内容。另外，尽管两朝谱牒内容有相同相近的栏目，但明谱栏目之内容要充实丰富得多。比如：

1. 世系。明谱世系主要突出在欧、苏小宗体例基础上兼顾大宗。

2. 世系传。在宋谱世系录的基础上，不仅在氏族成员名字下注明字、号、生卒年月、仕宦、婚姻、子女、墓地等内容，而且有些谱牒将"世系传"按顺序排列记录在一个完整的"世系图"之后，其内容要比在名下注释丰富。"世系传"和"人物传记"突出对女性入谱的宽限，不仅女儿可入谱，而且其丈夫及丈夫的父亲有官爵的也可入谱。从"三纲五常"伦理出发，贞节之女、烈女更是大书特书。

3. 家训、族规。家训和族规，除在"宗法强制"性方面稍有不同外，大致内容相同。明谱突出"圣谕""四礼""三纲五常""三从四德"，推行朱熹理学思想的种种措施，这是前朝所没有的。

4. 贞节。明谱突出"贞节传"内容，按"三从四德"要求，既约束妇女，又大肆宣传节女、烈女。

5. 黜削。明谱对违背"三纲五常"触犯族规的族人，往往采取"书善不书恶""黜名削籍"的措施。明谱黜削的范围扩大许多，凡子孙"怙恶不悛、蔑视同姓、伤悖伦理、侵犯先墓、鬻卖谱牒、毁弃手泽及昏不计良贱者，并黜不书"[33]。

6. 艺文。明谱为显祖功、扬祖德，在谱牒上刊载先人诗文、史传、金石等文翰的"艺文"比较普遍，内容广泛，篇幅增加。如《休宁陪郭叶氏世谱》（弘治十一年），论述了之所以选编《遗芳录》的缘由："旧谱不收辞翰，今以家所有名卿诗文，附谱以传，名曰《遗芳录》。上世辞翰载于简册者，尚赖博古君子采之，以登是录，而后世来者，以绳继焉。"《休宁陪郭叶氏世谱》"艺文"类内容非常丰富，有诗存、寿诗、挽诗、像赞、寿序、传记、行状、墓志铭、祭文、地理图等。"艺文"类《遗芳录》占了谱牒重要篇幅。

7. 谱辨。因为续修谱牒是在旧谱基础上续记新的内容，所以，续谱必须最大限度录用旧谱内容。然而，对旧谱内容续用之前，是原样托下来，还是加以考证之后录用，历代学有素养、修谱严谨的学者对攀附显贵、冒认祖先等弊端，都曾指责，力主必认真考辨。明人修谱更为严谨，多在谱牒中增设"谱辨"内容。文天祥为《武口王氏金源山头派之谱》序中严肃指出："世有妄视他人之祖为己祖，是谓不智；弃其己祖而莫之顾，是谓不仁。不仁不智，奚以立于世？王氏西周之子孙，奕世递传，清白载在谱牒，溯考源流举无二者之非，凡在后嗣当世，珍之，重之，勿视为陈迹已也。"《新安苏氏族谱》（成化三年）"凡例"中规定："祖宗官宦事迹，以国史所载为准，史无载，始依杂书录入，不敢妄有增损。"程敏政在《新安程氏统宗世谱》列谱辨三十七条，为世人称道。陈垲于永乐十五年作《祁门善和程氏续谱序》："祁门程邦达富而好礼，能读书属文，尝念其族属之番，而旧谱之阙略也。遂以重编为己任，又尝慨夫世俗盖有崇富贵而鄙贫贱者，其于记录多失其实，故其立例也，有善则书之，不以富贵贫贱而为去取，此亦可见其存心之厚矣。"

邦达"仰前人之烈,思有以继其志而述其事焉。此谱牒之所以重编也。重编者何?旧谱之略者详之,讹者正之,脱漏者,稽其实而补之,上有以尊祖而究其原,下有以睦族而示夫远,是其志之可取也"。《(新安)王氏统宗世谱》(万历三十五年)列举修谱四弊端:一是"援引上古以为尊";二是"依附贵显以为荣";三是"厌其祖考之悭壬而灭厥名";四是"厌本宗之散逸,始而弃之,终而附之"。

8.祠堂、祠产。嘉靖十五年(1536),礼部尚书夏言根据民间存在的家族祠堂祭祀始祖的事实,上《请定功臣配享及臣民得祭始祖立家庙》奏议:"臣民不得祭其始祖先祖,而庙制亦未有定则,天下之为孝之慈孙者,尚未尽申之情……乞诏天下臣民冬至日得祭始祖。……乞诏天下臣工建立家庙。"明世宗听从夏言建议:"诏天下臣民祀始祖。"于是明中后期大族掀起建祠堂之热潮。明谱就有祠堂、祠产之栏目,记载祠堂之意义、建祠堂过程、祠产及建筑概貌、祠堂活动等。

(五)明谱编修规模更加扩大

随着社会的发展和宗族人口的繁衍,明代中期以后,明谱中出现了一批规模宏大的会通谱、统宗谱,多为统贯分布于各地各宗支于一的族谱。如弘治年间《黄氏会通谱》,以东晋时黄元集出任新安太守定居新安为始迁祖记起,记载了由新安支出的25个支派。嘉靖时由张宪、张阳辉主修的《张氏统宗世谱》,从黄帝赐姓记起,一直记到嘉靖年间,上下长达数千年,记载了张氏117个支派,几乎遍及全国各省;还绘制有《张氏古今迁居地理图》,图上显示15个省,1747个迁居点,可谓皇皇巨著。

随着会通谱、统宗谱的流行,汇总古往今来家谱的大统谱也应运而生,这就是明万历七年工部员外郎凌迪知编修的《古今万姓统谱》,简称《万姓统谱》,俗称《万家姓》。该谱共计一百四十卷,共收录3700多个姓氏;另附《历代帝王姓系通谱》六卷、《氏族博考》十四卷。该谱将古今姓氏以韵为纲,略仿林宝《元和姓纂》;以姓为目,每姓下先注郡望和五音(阴平、阳平、上声、去声、入声),及得姓之源;再据时代先后,分列各姓著名人物，从古代至万历止，记述人物生平事迹。本书名为姓谱，实为一部人物小传，合谱牒与传记为一书。

（六）明谱续修趋于规范

因朝廷支持，经济趋于繁荣，宗族人口规模增加；受朱熹"三代不修谱，为不孝"思想观念的影响，明谱续修制度趋于规范。不少宗族把历代续修谱牒之人员列图记入谱牒。从明谱记载的历代谱牒续修次数表可清楚看出，明代续修谱牒最为频繁，一般为三十至六十年续修一次，很少出现经过百年以上或十几年续修的。

明代宗族修谱开始建立修谱机构，曰"谱局"，多为本次续谱而临时组建。宗族人数较多的谱局有几十人之多，也有上百人的。每次续谱几年、十几年不等。如婺源《武口王氏统宗世谱》记载：明隆庆年间婺源武口王氏编修统宗世谱，肩事者"济济多人，经营十载有余"。明天启年间婺源《武口王氏续修统宗世谱》记载："修者三十余人，历时十二年。"规模最大的是嘉靖时《张氏统宗世谱》编修人员："计主修2人，同修32人，编次29人，校对38人，誊对22人，倡首75人，协赞16人，董治11人，图绘2人，镌刻15人，印刷3人，装订3人，总计248人。"㉞

明谱修成后，有一套规范的珍藏、使用办法。"只颁族人，于是积而编有谱号，注有颁谱人名，借与外人便成为大逆不道。"㉟如明成化年间王让修《休宁城北汪氏族谱》凡例记载："谱不外收，但吾城北源一派耳。稿凡三易始成，率好事者衷金寿梓，立宗字为号，次第分给，俾其谨藏，毋容私鬻别系。有此许族人经公惩治责赎，若能改过，使众周知，仍持原帙付给"。

（七）以程敏政为代表，明谱在私谱"信证史法""小宗、大宗图法"方面迈出可喜一步

程敏政（1445—1499），字克勤，号篁墩，安徽休宁人。程敏政十岁以神童荐入朝，诏读书翰林院。于成化二年中进士，授翰林院编修，曾值讲东宫。弘治皇帝继位后，又升为少詹事兼侍讲学士，后官至礼部右侍郎。学问赅博，冠于翰林，长期从事历史编纂，曾编《新安文献志》等。自天顺年间

开始，即潜心谱学，遍考旧谱，旁征他书，积之二十年，于成化十八年编成《新安程氏统宗世谱》。

《新安程氏统宗世谱》共二十卷，首卷为程敏政序言，同时刊旧谱序三十八篇，《谱辨》三十七条，《凡例》十条，涵盖四十四个支派，"名之登于谱者逾万人"，五十三世。从《凡例》可以看出程敏政修谱内容：一是讲究信证史法原则。要对入谱的各支进行考评。二是包含小宗之意和统宗之意的谱图之法。修谱体例既使用欧、苏的小宗之法，又以"祖别子"的大宗之法为依据，采取《史证》年表和《唐书》宰相表的体例，建立以徽州始迁祖程元谭为中心，包括四十四派房支的徽州程氏统一大谱系。三是谱图世系名录所注事实内容多有教化之意。四是在篇前设《谱辨》，篇后专设先墓先祠图，将艺文另编《贻范集》。

程敏政的三十七条《谱辨》，为后世谱学奠定了"实事求是"的科学修谱基础，也被众多学者和宗族所称道。然而，世俗不愿接受他的所谓真实，最后他的三十七条《谱辨》有相当一部分不被族众接受，可见世俗旧的谱学思想根深蒂固，推行"实录"的艰难和"实事求是"对编修谱牒的重要性。

六、普及期

清代至民国时期，谱牒数量之多，质量之高，内容之丰富，卷帙之浩繁，堪称高峰期。然而，其基本内容、体例与明代相比基本一致，只是明代的延续而已。站在中华谱牒发展历史全过程的高度分析，清代及民国时期之谱牒最大特点是"普及"。在普及阶段，谱牒编修和使用体现出几个特点：谱牒数量激增；修谱性质、体例、内容等在明谱的基础上更加规范；谱牒的珍藏和使用进一步加强；我国少数民族在汉族的引导与影响之下，也积极修谱；近代一批谱牒学家建立了较为完善的谱牒学理论体系。

（一）清代、民国谱牒数量激增

据王鹤鸣《中国家谱通论》载，清政府积极倡导民间修谱，皇帝接连不断地下诏,并贯彻到全国各地方乃至穷乡僻壤,促使民间修谱数量迅猛增长。顺治九年(1652),即清朝建都北京的第九年,清政府就将朱元璋的《圣谕六言》"孝顺父母,尊敬长上,和睦乡里,教训子孙,各安生理,毋作非为"重新颁行八旗及各县。康熙九年(1670)又进一步向全国颁布《上谕十六条》:"敦孝弟以重人伦,笃宗族以昭雍睦,和乡党以息争论,重农桑以足衣食,尚节俭以惜财用,隆学校以端士习,黜异端以崇正学,讲法律以儆愚顽,明礼让以厚风俗,务本业以定民志,训子弟以禁非为,息诬告以全善良,诫匿逃以免株连,完钱粮以省催科,联保甲以弭盗贼,解仇忿以重身命。"《上谕十六条》将"敦孝弟以重人伦"和"笃宗族以昭雍睦"放在首位,雍正帝很重视《上谕十六条》,对其逐条解释,成为洋洋万言的《圣谕广训》,并于雍正二年(1722)向天下颁布,使之家喻户晓。清代士大夫把修谱作为贯彻皇帝诏令的有效措施,大部分谱牒把《圣谕六言》《上谕十六条》刊于谱首。

　　清代、民国谱牒数量没有确切的、整体的统计数字,但可以采取局部存量比较的方法,看出大致情况。据王鹤鸣《中国家谱通论》对上海图书馆收藏明、清、民国家谱的统计,清代、民国家谱现存量总数达13124种,为明代的50倍;清代、民国家谱的姓氏为335个,是明代的5倍。按清代、民国家谱存量和姓氏数量与明代比较分析,清代、民国家谱总数应为两万种左右。清代、民国修谱盛行,但就全国而言,各地谱牒发展极不平衡。如钟琦在《皇朝琐屑录》中说:"蜀、陇、滇、黔诸省于谱牒茫然不解,殊属疏漏鄙俗,两浙、两江、两湖诸省,崇仁厚,联涣散,各村族皆有谱牒。"

(二)清代、民国谱牒性质、体例、内容更加规范

　　清代、民国谱牒性质,多数学者倾向于"家史说",修谱就是为家族修"史"。基于"家史说",清代、民国族人修谱体例多仿正史体例。在保留明谱几项主要栏目外,突出表、牒、图、传、文征篇、旧谱序等栏目。

　　清代、民国谱内容与明谱内容基本一致,但编修这些内容的尺度和原则,却发生了质的变化。比如,部分谱牒编修倡导"谱法划一";一些谱牒遵循"公言不讳",不少谱学家抨击欧阳修隐去其先世在五代十国时"为五斗米

折腰之事",采取"隐讳"手法;不少谱牒以"所亲不尊"为编修原则,不仅尊其自出的先祖,而且对所有祖先一视同仁,不少学者抨击苏洵就没有做到"所亲不尊"。

清朝、民国修谱量大、面广,但其内容与明朝基本类同。谱牒总的内容栏目变化不大,具体环节层面上有四个方面的变化:一是增加了反映少数民族鲜明特点的内容;二是增加了推翻帝制"革命"的内容;三是规范修谱行为,如"公言不讳""所亲不尊"等内容;四是增加了编修特大会通谱、通宗谱、联宗谱修谱方法的内容。

(三)清代、民国谱牒的编修、珍藏和使用进一步加强,形成了一整套谱牒编修、珍藏、使用制度

1. 编修

明、清以来,续修族谱的问题逐步提升到是否遵从孝道的高度,先是"三代不修谱,为不孝",后又提升到"三十年不修谱,是为不孝"。续修族谱有一套严密的规范制度。

(1) 组建谱局。谱局即宗族组建的修谱组织。谱局的主要组织构成和人员为主修、鉴定、倡修、同修、监修、助修、编次、校对、誊对、倡首、协赞、董治、誊录、督刊、图绘、镌刻、印刷、装订、收发、供应等(地域和修谱工作量不同,职位名称和数量有所区别)。这些职位及职能、人员、数量,依据宗族修谱工作量大小取舍,各司其职,各负其责。

(2) 筹集谱银。谱银即宗族修谱的工作经费,一般有四个筹集渠道:a. 义田、义庄等族产收入;b. 入谱男丁兑摊谱银;c. 族人富有者捐助;d. 族人要求另外记入谱牒本人情况或超规定多领取谱牒册卷者,自愿超额兑摊谱银。一般家族谱牒对谱银筹集均有具体规定要求,比如,凡不按规定缴纳谱银者,不许入谱;凡为修谱捐资、捐物者,谱上留名或立碑于祠堂留名青史。

(3) 开局。"开局"即修谱开始。谱银筹集结束或进行中,选择吉日"开局",之前预先告于家庙,备祝文、陈誓词于几案,设香烛、祭品,宗子暨阖族执事人员行三献礼,宣读祝文誓词。谱局各机构、人员进入工作筹备状

态，首先通告家族各支族及其门、房、户，也有召开有各支族负责人及有关人员参加的"修谱动员会"而宣布"开局"的。无论哪种形式，"开局"情况必须实现家族家喻户晓。

（4）收集、编辑、刊印。谱局各机构、人员全部进入工作状态，各司其职开展工作。

其一，谱局核心工作人员讨论、拟定修谱凡例、体例、主要内容栏目等，报谱局负责人审定后通告全族。

其二，全部收回旧谱，审定旧谱"谱序""人物事迹"及其他主要栏目内容。

其三，全部收集旧谱修订之后几十年间各支、门、房、户有关人口变动等情况的"手抄本"。

其四，设计修谱普查"格册"，按户或人发放"格册"，限期收回汇总。各宗族修谱普查"格册"内容根据谱牒内容栏目要求确定。如下表为山东曲阜《孔子世家谱》所设计的"世家谱格册"：

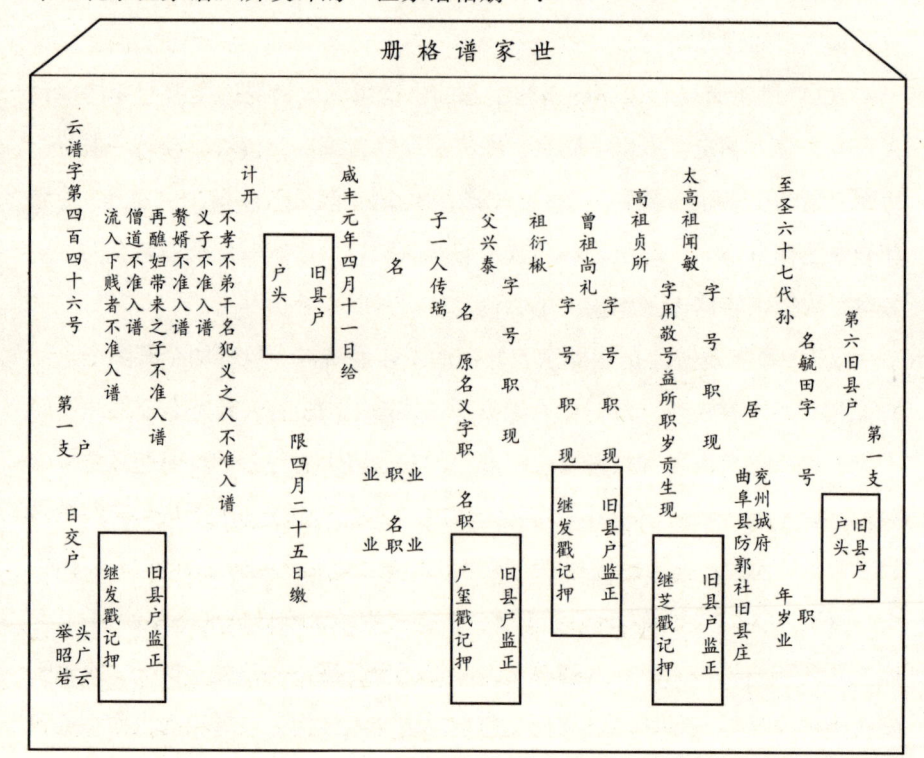

世家谱格册

至圣六十七代孙　第一支　旧县户　户头　名毓田　字　号　年岁　职业　居兖州城府曲阜县防郭社旧县庄

第六旧县户　户头　旧县户监正　继芝戳记押

太高祖闻敏　字　号　用敬号益所职　岁贡生现职现业

高祖贞员所　字　号　职　现业　旧县户监正　继发戳记押

曾祖尚礼　字　号　职　现业

祖衍楸　字　号　职　现业

父兴泰　名　字　号　职　现业

子一人传瑞　原名义字　职名职业　旧县户监正　广玺戳记押

名　字　号　职业

咸丰元年四月十一日给旧县户户头　限四月二十五日缴

计开
不孝不弟干名犯义之人不准入谱
义子不准入谱
赘婿不准入谱
再醮妇带来之子不准入谱
僧道不准入谱
流入下贱者不准入谱

云谱字第四百四十六号　第一支户　日交户头　旧县户监正　继发戳记举昭岩云押

其五，收集查阅有关历史材料。a.朝廷对本族的嘉奖及赐文；b.与宗族有关的契约文书；c.族人所撰文及其他存稿；d.族人的墓志铭、碑文等；e.风俗、礼仪等有关材料；f.正史、方志、文集及其他书籍中有关族人的材料。

其六，调查、审查、核实有关内容。a.调查核实姓氏由来、始祖、始迁祖；b.调查核实家族变迁；c.调查核实旧谱中族人人物事迹等有关情况。

其七，按预先研究确定的体例、内容栏目编辑卷册，三校定稿。

其八，家谱卷册定稿后，交付刊印。监修官全程监督刊印，每印完一页所需的份数后，即将底稿毁掉，不许存留。全部印完后，督刊官便督促工匠订辑、褙裱。

（5）出谱。"出谱"即敬迎新谱入祠的过程。新谱刊印完成后，择定吉日，锣鼓开道，鞭炮齐鸣，以大轿将新谱迎回祠堂。新谱进祠堂后，放入神龛，点燃香火，设置供品供奉。

（6）拜谱。新谱"出谱"后，再择吉日，召集族人男丁，不论长少，均沐浴更衣，穿戴一新，按辈分嫡庶整齐排列于祠堂，虔敬地对族谱予以礼拜。

（7）领谱。"拜谱"礼毕，由族长按领谱表编号顺序发谱，一般每门一部，祠堂留一部，朱笔签批领取新谱。经济条件较好的家族一般于拜谱、领谱当晚举行宴会，以示庆贺，有的家族拜谱后请戏班子演出三日，以示助兴，族人沉浸在热闹非凡、喜气洋洋的气氛中。

2.珍藏

由于谱牒上承载的是家族列位祖先的名讳、事迹等家族历史，谱牒之编修、贮藏被社会和家族列入孝道的评价范围，若本族谱牒出示外人被视为大逆不道，况且家族修编谱牒需耗费大量人力、物力、财力和时间，谱牒确实来之不易，所以，古人对谱牒珍藏极为重视，要求很高。如欧阳宗书所著《中国家谱》一书载，明王士晋《宗规》规定："谱牒所载，皆宗族祖、父名讳，孝子顺孙，目可得睹，口不可言。所藏贵密，保守贵久。每岁清明祭祖时，宣各带所编发字号原本，到宗祠会看一遍。祭毕，仍各带回收藏。如有鼠侵油污、磨坏字迹者，族长同族众即在祖宗前重加惩戒，另择贤能子孙收管，登名于簿，以便稽查。或有不肖辈鬻谱卖宗，或誊写原本，瞒众觅利，致使以赝混真，紊乱支派者，不惟得罪族人，抑且得罪祖宗，众共黜之，不许入祠。仍会知呈官，迹谱治罪。"又如《续修湖北枝江县孔氏宗谱族规》规定："宗谱落成，发掌各户。……嗣议，每年清明节，将所领宗谱一合十贰本，捧至宗祠，呈敬族长、户首，恭对圣祖位前验明，当即发还。如有漏湿毁坏，着跪宗祠，自顾雕匠，照旧还原，方准负谱归家。倘清明节一年无谱相验，即是没辱祖宗，遗失族谱，定将家财追赔，决不徇情宽纵。法律严切，则宗谱可以承保长存。即修谱人费尽心血，亦可以昭雪万世。"进入清朝、民国之后，谱牒的储藏方法更加完善，部分家族除了采取严格的族内珍藏措施之外，还委托公共图书馆代为珍藏。如《新州叶氏家乘》（1925年）"凡例"规定："此次共印五十部。四十八房各藏一部外，尚余两部。即用诗、品二字编号，诗字号交江南图书馆，品字号交浙江图书馆，分别保存，俾垂永久。"

珍藏谱牒有一套较为完善、有效的管理方法，主要有五个方面：

(1) 按房领谱，谱册编号，领谱盖印，专人保管。

(2) 对藏谱提出具体要求，不得出现鼠毁、虫蛀、潮湿变质、被盗、示外人等。

(3) 每年清明节统一在祠堂当众验谱。

(4) 出现问题有严厉而又明确具体的处理措施。大部分家族视"失谱""毁谱""谱示外人"为大罪，与忤逆不孝、大逆不道、欺君蠹国等同处，不许入祖坟、不许入族谱。

(5) 委托公共图书馆代为珍藏。

3. 使用

清朝及民国谱牒功能主要是"尊祖、敬宗、收族"和"三纲五常""三从四德""仁、义、礼、智、信"的伦理教化。谱牒主要用于伦理教化、宗族统治、约束族人、祠堂敬祖祭祀和组织宗亲联谊活动等。

（四）清代、民国时期，我国少数民族在汉族的影响下，也积极修谱

受汉族影响而修谱的少数民族主要有蒙古族、满族、回族、彝族、苗族等。

1. 蒙古族。蒙古族的家谱历史久远，可追溯到最原始的口传家谱。《蒙古秘史》叙述成吉思汗前二十多代的世系，长达六七百年，主要依据口传家谱。17世纪蒙古归附清朝之后，清朝在蒙古实施盟旗制度，为了保证这一封建体制的实施，对各旗主家系必完整记录，确保全蒙古封建贵族详尽的谱系。如清理藩院记载内蒙古苏尼特右翼旗的世系：苏尼特右翼旗，扎萨克多罗杜棱郡王，崇德七年（1642），腾吉特族兄叟塞始封今爵，诏世袭罔替。顺治四年（1647），次子沙希岱袭。康熙九年（1670），长子恭格袭；十二年（1673），长子劳彰袭；十四年（1675），沙希岱次子阿玉什袭；三十二年（1693），长子达尔札布袭。雍正七年（1729），长子旺青齐苏咙袭。乾隆六年（1741），长子丹津东凌袭；九年（1744），旺青齐苏咙次子朗衮车凌袭；十六年（1751），达尔札布三子车凌多尔济袭；三十四年（1769），长子车凌衮布袭。嘉庆七年（1802），长子喇特那锡第袭。道光六年（1826），子布尔呢什哩袭。咸丰五年（1855），子布达莽葛拉袭。同治二年（1863），子那木济勒旺楚克袭。

蒙古族各贵族家谱，一般每三年整理一次，并呈报朝廷。只是大部分家谱因战乱未能保存下来。不过有些显赫家庭的族谱却能完整地保存下来。如《蒙古博尔济锦氏族谱》汉文抄本在中国国家图书馆和内蒙古自治区图书馆等馆藏。受汉族影响，蒙古族家谱也有多次续修的，如《（福建福州）雁门萨氏族谱》，福州萨氏自明至清及民国八次续修族谱。

2. 满族。满族谱牒历史可追溯到原始的结绳家谱。原始满族家族都有"子孙绳"（用五色彩线拧在一起的长数丈的线绳）。子孙绳上打几个结，表示有几代祖先。生一男子，即在绳结上拴一用竹子制成的小弓箭；生一女孩，即在绳结上拴一彩色布条。"子孙绳"平时珍藏在"子孙袋"中，挂在西墙的"祖宗板"上。每逢祭日，全家向"子孙绳"跪拜致祭。这条"子孙绳"

就是满族的结绳家谱。

大量满族文字家谱出现主要是在清入关以后。由于清朝以"孝"治天下，加之入关后满族生活方式、风俗习惯日趋汉化，出现数量众多的满族家谱。满谱有满文编，也有汉文编和满汉合璧编写的，如《马拉图世系》是满文编；乾隆九年成书的《八族满洲氏族通谱》，也是满文编写的，共八十卷；《他塔喇氏家谱》属满汉合璧。有的满谱内容非常丰富并一修再修，如《马佳氏族谱》，先后修过三次，第一次在道光二年，第二次在光绪十三年，第三次在民国16年，共五册，赵尔巽、袁金铠序文。

分析满谱的体例、内容可以看出，满谱经历了一个由简到繁、由略变详的过程。早期的内容只是世系图而已，到了清末民国时内容比较规范。如1940年编修的本溪县《伊尔根觉罗氏族通谱》，包括谱序、历次创修宗谱原序、伊尔根觉罗族通谱、国初地名部落移驻考、创修支谱名目、家训篇、篆古家训、族长表、族长执行规则、家派篇、祭祀规则、五服图、省属族居图、谱注释例、谱图篇、谱注篇，共16个栏目，与汉族谱牒类似。

清末、民国时期，满族的编修家谱数量非常之大，几乎是一族一谱。比如辽宁省，据李林主编《满族家谱选编》说："辽宁地区各氏族保存大量的家谱，满族修纂谱书，开始于十七世纪中期，从此以后修谱之风日盛。满族家谱有木刻本、排印本，印数多在一百部上下，还有大量手抄本，每次修谱不过抄写数十本。经过初步考察，发现辽宁省本溪、辽阳、新宾、岫岩、凤城、盖县、沈阳、桓仁、庄河、瓦房店、铁岭、开源、抚顺、北镇、新金、义县、海城、兴城等地区满族保存的家谱多达五百多种，实际保存数量超过此数。此外，全国各地的满族谱还有一定数量。"㊱

满谱在体例、内容等方面与汉谱基本相同，但在具体的编修环节上，都带有满族的民族特色。首先，修谱宗旨上，在汉谱追本溯源、光宗耀祖、尊祖、敬宗、收族的基础上，更突出"明确身份、承袭官职"等作用。其次，在内容的具体操作层面上不尽相同，比如祭祀，汉谱少有专设栏目的，而满谱专设"祭祀"栏目，而且具体祭祀活动与汉谱不同。如《新修富察氏支谱》

（光绪三十三年），祭祀规定："每逢祭祀，选择吉日……购牲为紧要，毛无杂色，不剪尾、不穿耳，选其肥大养于净室，以红朱涂于背头间，派妥大经管饮食，必洁必净，所以昭诚敬也。……持香赴净室引牲，迨至堂门外，主祭者行三叩首礼，复位；陪祭以次，均复位，执事者引牲至堂中，盆前以白布七尺缠刃宰牲，不使血溢于地云大喜。……俟牲毛去净，五脏洗洁，剖牲五段（头段首，二、三、四、五段系由背脊剖成两块，再由腰中分为四块，共成五段）。用热水全浸，将牲品于祭盘分献五脏。……执事者撤牲暨五脏，各取上分加米做小肉饭，此饭只准族人吃。"最后，满谱有保留满文谱名的。如"阿玛"（意"父"）、"额娘"（意"母"）、"达祖母"（意"大祖母"）、"穆昆"（意"族长"）。

3. 回族。回族在我国分布比较广泛，宁夏、甘肃、青海、河南、河北、山东、云南、安徽、新疆、辽宁、广西、北京等地均有。回谱历史悠久，数量可观，清代及民国时期是其编修的高峰时期。因中国回族不是中国境内原有的氏族部落融合、发展而形成的民族，而是以外来移民为主，所以，回谱最大的特点就是伊斯兰文化充斥其中。如《傅氏家谱》中强调："子孙虽愚，经书不可不读。虽科第难期，读书原以明理，念经以明宗教，吾教当行可止之事，载在经典，关系匪轻，不可丝毫违反。"叮嘱后人要拜主，因为"天地万物本乎主，念、礼、斋、课、朝及主命也"。回谱全部使用汉文字。

4. 苗族。我国苗族主要分布在贵州、湖南、云南、广西、四川、湖北、广东等地。苗谱的最大特点是存在"无字家谱"。

苗族，既是一个古老的民族，又是一个多灾多难、不断迁徙的民族。苗族先民可追溯到与炎黄同时代的蚩尤九黎部落和三苗部落。他们与炎黄共同开发了黄河流域和长江流域，为中华文明奠定了基础。然而，蚩尤九黎部落同炎帝部落"逐鹿中原"，在河北涿县遭到惨败，蚩尤被杀，并且整个蚩尤部落被逐出中原，大部分向南迁徙。历史上，历代王朝都不断残酷地镇压和围剿苗族，尤其是从明初起，官军环封而驻，使得苗族随时都有氏族灭亡的危险。清乾隆、嘉庆年间，湘西苗族举行大起义，但被血腥镇压，且清政府对苗族展开大规模的围剿清洗。苗族在这种恶劣的生存环境下,被迫使用"无字家谱",将世代传承的家谱变成族人内在的坚定信仰。

所谓"无字家谱",就是把一块精制的青布或黑布密封在一个小竹筒内,苗语称"表"。每逢人口出生或死亡,都要举行隆重的"入表""出表"仪式。婴儿出生后,拿出"表",族人围之,顺转两圈,谓之"入表";族人死后,再拿出表,族人围之反转两圈,谓之"出表"。在苗族内"表"是"最高信物",每个族人都能通过"入表""出表"形式,牢记本族各世代祖先。在族内,"表"是族人的"心中家谱",族外人却一无所知。

苗谱也有文字谱牒。如光绪二年(1876)姜佐卿编的《姜氏家谱》,在清代就续修了12次,全文三千多字,内容较为丰富。该谱中记录了大量珍贵资料,如开发文斗地区林业资料和文斗地区苗族文化发展状况等资料。

5.**彝族**。彝族主要生活在我国西南地区,有着悠久的历史和文化传统。由于西南地区深山纵谷,空间封闭,地理环境恶劣,彝族为求生存、求发展,都有着强烈的宗族观念,对谱牒十分重视。彝族最大特色是"口传谱牒"。

"口传谱牒",即口述心授、口耳相传的谱牒。彝族男子能把本族数十代祖先的名字滔滔不绝地背诵下来,具备了这个条件就能在社会上获得许多方便。正如谚语所说的那样,"走遍氏族(家支)的地方,可以不带干粮,依靠氏族,三代都平安","不会背诵父亲的系谱,谱族就不认你;不会背诵舅舅的系谱,亲戚就不认你"。郑伟强2002年8月在四川作田野调查时,遇一彝族老者,名字叫古特涅,年六十岁,家在甘洛县彝村,他可以随意背诵从自身上溯至一百四十多代谱牒,同时可背诵其他八家家族谱牒[37]。

据记载,汉魏晋时期彝族已创造了本民族的文字,但只是由少数祭师及上层彝人掌握,而用彝文修谱的很少,有极少数把彝谱刻于石上,另有一些彝文家谱保留在彝文史籍中。如《彝族创世志》中的"谱牒志",就收录了"六祖"分宗后,恒支系的22个宗族系谱、布支系的24个宗族系谱、默支系的39个宗族系谱。既有大宗,也有分宗[38]。

（五）清代、民国时期，形成了较为完善的谱牒学理论体系

进入清末、民国时期，以章学诚、潘光旦、罗香林、多贺秋五郎、孙中山等为代表的近代史学家、谱学家、政治家，总结前人谱学经验和当代修谱实践，提出真知灼见，形成了较为完善的谱学理论体系，这也是谱牒发展进入普及阶段的重要标志。

1. 章学诚

章学诚（1738—1801），字实斋，号少岩，今浙江绍兴人。乾隆四十三年进士，曾任国子监典籍，主讲定州定武、保定莲池、归德文正等书院，后为安徽学政朱筠幕僚，又入湖广总督毕沅幕府。他博览群书，一生坎坷，依靠替别人编修志书家谱为生。

章学诚是杰出的史学理论家、方志学家和谱牒学家。他的主要史学著作有《文史通义》《校雠通义》《史籍考》等。他对自己的史学研究十分自负，自言："我于史学，盖有天授，自信发凡起例，多为后世开山。"他对史学宗旨"明道"和"经世之用"的阐述，对"六经皆史"说的高倡，对"史义"和"史德"的首创，对史学、史料、史籍的分类等，为中国传统史学赋予了新的内容和意义，称得上是中国封建社会史学理论集大成者。他把史学理论用于方志的编修，先后编修《和州志》《亳州志》《永清县志》《湖北通志》等，对方志的起源、演变、体例、资料、选集、考证及修志人素养，提出了一整套系统的理论。他从而立之年直到晚年，常为人编修家谱或为友人族谱写序，结合史学、方志学理论实践，总结前人谱牒学论述，对中国家谱性质、体例、编修原则、效用及收藏等许多重要问题进行深入探讨，提出了较为完整的谱学理论。潘光旦在《章实斋之家谱学论》一文中说："论至近代，以为谱学最有贡献者，自莫若实斋章氏者。"[39]

章学诚之谱牒学理论主要有以下几个方面：

一是谱牒之性质的"家史说"。他在《宜兴陈氏宗谱书后》一文中说："谱乃一家之史也。"在《州县请立志科议》一文中说："且有天下之史，有一国之史，有一家之史。传状志述，一人之史也；家乘谱牒，一家之史也；

部府县志,一国之史也;综纪一朝,天下之史也。比人而后有家,比家而后有国,比国而后有天下。唯分者极其详,然后合者能择善而无憾也。"[40]章学诚认为"家谱乃史部支流"。

二是对谱牒产生、发展、沿革及历代修谱宗旨及利弊等作了详尽的、被后世认可的、较为科学的论述。

三是对谱牒之体例、内容,用史学和方志学的标准,作出较为规范的要求。他认为,谱牒体例应主要包括表、牒、图、传、文征篇、旧谱序等。

所谓"表",即"世系表"。在《家谱杂议》和《高邮沈氏家谱叙例》中,章学诚对"表"的做法提出具体意见。他认为"表"记述家族世系,应该自上而下,贯彻始终,即使向上追溯二三十世也可。他提出:"夫世系设表,唯取其分别支派,使蝉联系属,皎若列眉,但书名讳,占地无多,故尽幅可以彻上下矣。"因此他认为当时许多家谱"以五世为载",五世以上就不列表上溯是不妥的,势必造成支系难以清晰呈现。

所谓"牒",就是"表"上氏族成员名讳的注释,"牒者,表之注也。表仅列名,而人之行次、字号、历官、生卒、妻妾、姓氏、子女所出、茔墓方向,皆出注于名下,如履其然。表线所不能容,古著牒以详之。盖古法也"。

所谓"图",即人物肖像、茔域图等。

所谓"传",即氏族主要人物的传记。

所谓"文征篇",包括前人的奏疏、旧谱传状、考订之文、诗赋词章等。章学诚对"文征篇"非常重视,认为宗族修谱不可少,甚至要求分"内篇"和"外篇",详细记载。

所谓"旧谱序",即本家族历次续修家谱的谱序。他认为,前人纂录,均具有苦心,后人续修家谱时,要将前人撰写的家谱序例作为一项重要内容全部刊入新谱中。不仅要刊入旧谱,而且要刊载旧谱之义例,"后人袭其书,而不著前人之序例或仅有序跋,而不著前书之义例如何,则几乎饮水而忘源矣"。

四是提出修谱四项基本原则。章学诚认为,官修谱牒之弊端为"依托附会",私修谱牒之弊端为"偏诬偏陋"。他说:"有谱之弊,不如无谱。"把修谱弊端之危害,提高到了家谱生死攸关的高度。为力避修谱的弊端,章学诚提出四项基本原则:"谱法划一""公言不讳""所亲不尊""简繁攸当"。

谱法划一。当时社会上修谱"出入任情",体例和内容栏目"多不划一",修谱人想怎么修就怎么修,没有规范的办法。章学诚认为,修谱是一种专门的学问,其记载方法必须相当规范,力求划一。但是由于谱牒家自为书,人为任情出入,势必造成体例杂出。为求谱法划一,章学诚认为不能只依靠宗族撰修人员水平的提高,必须采取有组织的规划和提倡。他主张朝廷应做到三点:其一,州县设方志科,兼收家谱;其二,组织专家学者对谱牒从体例、内容栏目上作划一事宜,以求记载之有绳墨;其三,在州县方志中增设"氏族表""望族表"等栏目,以为家谱编修体例划一作提倡。

公言不讳。章学诚主张谱牒编修者,在修谱过程中的叙述和议论,应力求客观、公允,不能有丝毫偏私之见存乎其间,即不能有所忌讳,力求族谱成为一家之公言,成为本家族客观、公允的记载。章学诚指责宋代欧阳修没有做到"公言不讳":"欧阳之谱,于其先世,有仕于五季十国间者,往往削其所署官阶,既失书实之义。"[41]他主张修谱人要向司马迁和班固学习,"迁、固叙其家世,书至谈、彪,犹作公家之言,与他称述无异,所以公其道于天下,而不以私尊、私贵褒其亲也"[42]。章学诚对本家族在修谱过程中,将无业无赖之辈、干犯法纪者或逃禅入道者,隐讳削籍不书的做法持反对态度,主张"公言不讳",如实记录。

所亲不尊。章学诚认为,修谱者不能仅尊其自出的先世,而对旁支的先世采取卑疏的做法。他主张本支、旁支称呼叙述要一视同仁,不以尊卑。章学诚指责宋代苏洵没有做到"所亲不尊":"苏氏族谱,自谓苏氏之族,而尊其自出,与通族书法详略尊卑体例有别;以为谱乃吾作,故尊吾之所出。此尤无异儿童之见,使人人各尊所出,而卑视旁支,则谱乃聚讼之阶矣。"[43]

简繁攸当。章学诚认为,修谱各栏目内容的简繁详略,不应拘泥于主观条件，而应该从家族成员"资料"的多少、有无记载价值的客观因素上考虑。如资料多而皆有据，自不宜强为删削；其不足或不尽可信者，更不宜为之引申，多所附会。

五是对当世谱牒效用进行全面系统的分析。章学诚在所辑《和州志氏族表序例》中称，族谱效用有"十便"。"十便"说明当时修谱有四种功能：一为辨品流，助选举，正婚姻；二为维持社会秩序；三为社会教育，效法与纪念；四为提供资料，备后人参考。

六是在谱牒收藏与管理方面提出更科学的要求。最突出的是他主张各州县设立方志科，为纂修方志的机构，同时掌管该州县家谱的收藏与统纂。

2. 潘光旦

潘光旦（1899—1967），字仲昂，今上海市人。1913—1922年在清华学校求学；1922年赴美留学，学的是生物学、动物学、遗传学，获硕士学位，并在美国优生学纪念馆从事人类学、优生学的研究工作；1926年回国，长期执教清华大学、中央民族学院，是我国著名的优生学家、社会学家和谱牒学家。

潘光旦毕生著译总量六百万字，有关谱牒学的不多，但有"特殊贡献"。他撰写的主要谱牒学著作有四类：一是通论性的，如《家谱与宗法》《章实斋之家谱学》《通谱新解》等；二是利用谱法进行人才问题的专门研究，如《国画家的分布、移植与遗传》《中国伶人血缘之研究》《近代苏州的人才》等；三是历史人物年谱，如《崔东壁年谱》《章实斋年谱》《袁枢年谱》《钝夫年谱》等；四是有关人物谱系资料，如《存人书屋历史人物世系表稿》，是从《三国志》《晋书》《南史》《北史》《隋史》《旧唐书》等汇成的图谱。

他在《家谱还有些什么意义》一文中开宗明义指出："家庭制度存在一日，家谱也就一日不容废弃……"他在论述近代家谱的意义时说："进入近代社会以来，社会结构发生了质的变化，家族制已经解体，家族意识日益淡化。近代家谱的现代意义和新功能：一是培植'谨始怀来'的优生意识；二是增进个人对于一己品性的认识；三是帮助人类遗传的研究；四是在史学中，多

确立一个专精的部门。"㊹

3. 罗香林

罗香林（1906—1978），字元一，号乙堂，原籍广东兴宁，客家人。1924年后在承天英文学校、吴淞国立政治大学、北京清华大学等校就读，毕业后从事地方志、民族史、谱牒研究工作。1936年首任广州市中山图书馆馆长；1951年起受聘于香港大学中文系，长期居住香港。一生撰写专著40种，论文200余篇，以毕生精力深入搜集谱牒资料，研究谱牒理论，为中国谱牒研究作出了重要贡献。

罗香林有抄谱、藏谱习惯，他搜集各姓宗族资料200余种，其中部分为手抄。他还积极整理《中国族谱研究》族谱目录，《广东省立图书馆藏广东谱族简目》为他的手抄稿，1963年整理《哈佛燕京学社汉和图书馆所藏中国族谱目录》等。罗香林利用族谱资料，破译了一系列学术悬案。利用族谱资料，对客家历史研究撰写了开创性的著作，被誉为客家问题研究的拓荒者和奠基人。罗香林在中国家谱学理论方面最重要的贡献，就是撰写了《中国族谱研究》一书。该书为英文稿，内容共分绪论、上编、中编、下编、结论五部分，记述了中国谱学研究之史学意义、中国谱牒之源流演变与特征、中国谱牒之留传与保存及中国族谱之学术地位等。在《中国族谱研究》一书中，他特别强调研究中国族谱的重要意义。罗香林指出："中国所谓正史与方志，其载述往往仅能及于朝政之实施、制度之创立、地方之建置、财计之丰歉、人物之得失、边民之入居，如是而已。而于各族姓之迁移转徙，与各民族之混合同化，则仍不能不于各姓之谱乘求之。"㊺族谱研究对历史研究有何价值？罗香林认为："凡历史构成牵涉时、地、人、事四端，皆得以各姓族谱所载述者，为取证之资，尤其宋明以来之历史，多可于各姓族谱得所参证。"㊻罗香林进一步阐述：从人物的角度、从事件的角度、从时间历史的角度、从地理的角度，正史记载之内容与族谱记载之内容不同，族谱是正史的补充。罗香林的结论是："是知族谱研究，与中国史学今后之开扩，关系甚巨。"

罗香林在《中国族谱研究》的"中国谱学源流演变与特征"一节中，还对周至汉中国谱牒学之肇始与承袭、魏晋至李唐官府与民间所重视之谱牒、赵宋至元明不属官府之民间谱学、清代官学不讲谱牒学之原因及影响、中国谱牒发展与演变之趋势等专题展开讨论。

4. 多贺秋五郎

多贺秋五郎（1912—1990），是日本研究中国问题的专家，曾任日本中央大学和国士馆大学教授，一生大部分精力都倾注在中国问题上，尤钟情于中国谱牒研究，并取得丰硕成果。

多贺长期从事中国谱牒研究，于1960年东洋文库出版《宗谱研究·资料篇》，1981—1982年日本学术振兴会社出版《中国宗谱的研究》上、下卷。其主要谱学思想和贡献有以下四个方面：第一，对散存在国外的中国家谱进行搜集整理。多贺利用其外籍的优势，对散存在全世界各地的中国家谱进行了全面调查，对藏在日本、美国等地的三千多种中国家谱作了阅读式调查，终于编出了中国家谱目录，成为《中国宗谱的研究》下卷的主要内容。第二，多贺对中国谱牒发展历史作了较为准确的分析。尤其是他在广泛调查的基础上，否定了一些日本专家所谓的"中国家谱盛行于明、中衰于乾隆"的说法，认为自清代开始，宗谱更加广泛流行，到了光绪、宣统时，更是进入烂熟期。第三，多贺在广泛调查的基础上，系统分析了中国谱牒的区域特征。他将中国谱牒分为华中谱、华南谱、华北谱、东北谱四种类型。在华中谱中，江苏谱中义庄记载较多，浙江、江西谱注重祠堂和祭祀，安徽谱中圣谕、家礼、家训较多，湖北、湖南谱中家训、五服图、陈设图较多；在华南谱中，广东谱中宗支谱、恩荣谱、祠宇谱、坟茔谱、艺文谱、家传谱等形式较多，福建谱则颇同于华中谱注重反映宗族历史传统；华北谱现存较少，宗谱的体例比较单纯，山东谱缺目录、凡例的较多，河北谱目录、凡例较完备，内容也较山东谱详细，山西谱和河南谱则较河北谱更为规范和详细；东北谱由于受华北谱的影响，初具规模，但内容简单，谱的形式比较粗糙，尚欠完备；除汉族外，尚有一定数量的满族谱和蒙古族谱。第四，多贺对中国宗谱的扩展有较深入的了解。多贺认为，中国宗谱的发展、流行与普及，首先在中国文化和经济中心地带，然后随着人口的迁移，逐渐向四周扩展，并被周边地区吸收。华南谱的特色，显然与汉民族文化南渐有密切关系。东北谱则是华北谱北渐的结果，东北满蒙民族也修谱，则是汉文化同化过程的反映。中国谱南、北渐和东传，则产生、形成了越南的谱牒、朝鲜半岛的谱牒、琉球群岛的谱牒，对日本近世流行的家谱也产生了很大的影响。多贺《中国宗谱的研究》，获日本学术界最高奖——学士院奖。

5. 孙中山

孙中山（1866—1925），名孙文，字载之、德明，号日新、逸仙，今广东中山市人。中国近代民主主义革命先行者，中国国民党创始人；1912年1月1日任中华民国临时大总统，1919年任中国国民党总理。

孙中山在其革命生涯中，十分重视家谱的纂修。他在诸多关于民族主义的演讲中，多次对家族起源，家族、宗族与国族的关系进行深刻的论述。尤其是于1916年、1920年、1923年分别为孙氏、阚氏、詹氏三部族谱撰写了谱序，很有代表性。认真分析孙中山先生三篇谱序，深感其既是谱学思想的重要文献，更是其政治思想的重要文献，同时可以看出，中华谱牒在民国时期其功能适应社会需要出现了显著的变化，在"尊祖、敬宗、收族"的基础上，滋长了"革命"的内容，宗族与国族之关系空前密切，修谱成为中国革命的一部分。首先，孙中山把修谱功能由维系宗族提升到民族团结、国家统一的高度，赋予了中华谱牒学理论的新生命。其次，孙中山主张将宗族组织提升为实施地方自治的组织，修谱是地方自治的手段。再次，从《合肥阚氏重修谱牒序》可以看出，孙中山主张谱牒要有"反帝制"和"革命"的精神。他明确指出，世俗的古今第一恶人"蚩尤"是"中国第一革命家"："合肥阚氏，古蚩尤之后裔也。蚩尤姓阚，为中国第一革命家，首创开矿铸械之法。因轩辕氏夺其祖神农氏之天下，乃集其党徒八十一人，精究战术，能为风雨雾霾以助战，与轩辕氏血战多年，至死不屈。轩辕氏既灭蚩尤，实行帝制，称蚩尤为乱民，加以不道德之谥号。"⑰最后，孙中山为谱牒之革命性而提到蚩尤氏族与炎黄氏族的战争，从另外一个角度揭示了"中华皆黄帝之子孙"之说的不严密性，尤其是把这种理解运用于"承载同一血缘集团"的谱牒上，史前不少学者，尤其是《万姓谱》《联族谱》的编纂者，所持"万姓其初一人"的说法，就显得苍白无力。

七、新修期

新中国成立以来，中国大陆主导社会意识发生了较大变化，封建伦理观念受到重创。分布在台湾、香港、新加坡、日本等国家和地区的中国家族成员所处社会政治环境，也与明、清时期有较大区别。然而，尽管新中国成立初期近三十年大陆谱牒发展受到一定影响，但总体上在短短六十年内形成编修新谱热潮，其声势之大、数量之多、影响之深，远远超过了中国历史上编修族谱的任何一个历史阶段，并且谱牒功能、体例、内容和谱牒编修、珍藏、使用方法均发生了质的变化。故将其划分为"新修期"。

（一）谱牒功能的变化

按照王鹤鸣《中国家谱通论》分析，谱牒新修期的功能，已经由明、清的"伦理教化功能"，转化为"文化功能"。

（二）谱牒体例、内容的继承、批判和创新

陈绍馨在1958年《台湾文献》所载《陈氏家族宗亲会》一文中发表的看法颇有代表性："我们应尽量保持其（族谱）原来的体裁，因修改太多，恐会引起大多数宗亲的反感，或使他们失去兴趣；但无论如何，必须使它带有现代性意义，就是使它成为一族生命史之记录，同时也能成为社会科学上之调查研究材料。"

盛清沂1963年在《台湾文献》所载《台湾家谱编纂研究》一文中，认为现代家谱既要继承过去老谱，又要具备现代意义。为此，他提出现代家谱的体例、内容应设19目："定名、题词、荣典、序、凡例、考、世系、世录、图录、志、家训、茔墓祭田、祠庙、胜迹、宗族团体、杂记、统计、创作与

发明、修谱本末等。"前 14 个栏目为老谱体例内容，后 5 个栏目为新增的体现现代意义的内容。

廖正雄在 2000 年 9 月《宜兰文献》上发表的《宜兰县史馆馆藏谱系简介——兼谈如何制作家谱》一文中认为，现代族谱的基本内容应包括以下栏目："姓族源流与发展；迁移经过与分布；世系表；重要记事；族谱读页；族亲通讯录；地图照片；编后记。"廖正雄的建议较简练，综合了旧谱内容，增加了通讯录、地图、照片等内容，符合现代人需要。

国民党元老陈立夫作序的《世界陈氏宗亲大族谱》，最明显的是按男女平等原则，女性在家谱中都谱上有名，有的对改嫁、再婚的也有所记载。

新修期谱牒体例概括起来有五种：一是适应几百万、几千万人口的中、大宗族之需要，在全国乃至全世界华人范围内，出现了特大会通谱、统宗谱、联宗谱（如前例）；二是基本沿袭清代末期的欧、苏体例（主要分布在华中、华南）；三是图表式的大宗世系族谱（分布于全国大部分地区）；四是"二十代左右世系＋大量人物事迹"类的族谱（主要分布在东北、华北）；五是"固续式"的新体例族谱（主要分布在河南、四川、山西）。进入 2000 年以后，随着网络技术的发展普及，计算机数字家谱也应运而生。

新修期谱牒内容的特点是"吐故纳新"，在明、清谱牒完善、普及期内容栏目的基础上，淘汰一些封建、愚昧和带有帝制色彩的内容，按现代人理念和现代社会需求，增加了一些民主的、科学的、适应现代社会制度和人们思想观念的内容。比如，诰敕、仕宦、恩纶、五服图、恩荣录、科举、神像、圣谕等栏目没有了，宣扬"三纲五常"和"三从四德"、限制妇女、宣扬烈女贞妇等愚昧落后的内容没有了，宣扬封建迷信的内容没有了，等等。更有一些"固续式"新体例族谱，谱牒内设计大量学科研究内容栏目、社会活动内容栏目、生理遗传内容栏目、经济发展内容栏目，其内容栏目总量是清朝、民国时期的三倍多。

（三）特大型会通谱、统宗谱的大量涌现

近六十年来，由于社会稳定、经济繁荣、科学进步，宗族繁衍，中华姓

氏出现了几十万、几百万、几千万人口的大姓。姓氏成员数量太大、居住特别分散是续修谱牒的最大难题。为切实解决这个难题，较大宗族纷纷编修特大型会通谱、统宗谱。列举几例㊽：

1. 五修《孔子世家谱》。《孔子世家谱》是中国保存最久和最完整的家族谱系，以孔子为始祖，原为手抄本，北宋元丰三年（1080）首次刻版印刷；后于明天启年间、清康熙年间、清乾隆年间、民国年间四次续修。第四修始于1929年，孔府上报请求续修《孔子世家谱》，得到批准，由孔德成任总裁，2年搜集资料，7年编纂，1937年告成，全谱计109卷，154册，记录79代56万家成员。1998年3月，《孔子世家谱》五续协作会在香港成立，孔德墉任会长，孔德篪、孔德坊任副会长；五修凡例规定，女性可以入谱，少数民族和海外族人均可入谱；五修谱2009年告成，全谱收录200万氏族成员。

2.《中华吴氏大统宗谱》。吴伟勋任主编，2000年年初启动，2002年4月刊印，全谱七卷。卷一序，刊历代帝王的题词、序言；卷二源流；卷三世系；卷四繁衍；卷五人物，共计5000多个人物；卷六文物；卷七后记。

3.《郑氏族系大典》。总主编郑自修。2001年11月6日在河南省荥阳市召开编辑委员会第一次会议。全谱八部十九卷：第一部，卷首绪论、卷二始祖；第二部，卷三始祖、卷四传奇篇；第三部，卷五祭祀报德篇、卷六述记篇、卷七迁徙述丛、卷八谱序跋篇；第四部，卷九历代文库精华、卷十座右铭篇；第五部，卷十一村史精华、卷十二家史精华、卷十三业绩精华；第六部，卷十四现代人物精英、卷十五现代人物俊英；第七部，卷十六族系；第八部，卷十七族系、卷十八郑文化研究、卷十九百花苑。

4.《中华邹氏族谱》。2001年6月25日至28日，海内外邹氏族人代表98人在武昌召开会议，决定合修《中华邹氏族谱》。邹宗彬任名誉主任，邹木生任副主任兼秘书长。据统计，大陆有29个省、自治区、直辖市，8个国家和港、台地区，共几百万邹氏族人，一千多个支系。全谱共分八卷，首卷主要内容是邹氏渊源、流衍、人物、艺文四大部分；第二至第六卷主要内容是邹氏始祖至明末清初的各支祖世系脉络与人文纪要；第七、八卷主要内容是当代名人事迹与艺文。2007年1月20日在武昌举行发行仪式。

5.《中华邱氏大宗谱》。《中华邱氏大宗谱》，邱家儒任总编。2001年12月，"中华邱氏族谱研究总会"在广东潮州成立，邱家儒任会长。2002年8月5日，在香港注册成立"中华邱氏宗亲联谊总会"。2002年9月9日，海内外二百三十多位邱氏宗亲齐聚深圳，成立"中华邱氏宗亲联谊总会"，邱家儒任会长，《中华邱氏大宗谱》正式开编。邱家儒捐资1000万元修谱专项资金，并将深圳的别墅作为办公场所。《中华邱氏大宗谱》是稽三千年祖源世系，纳海内外浩繁支派，汇全世界邱氏裔孙的一项巨大系统工程，是中华邱氏史无前例的壮举。其修谱指导思想是："坚持历史唯物主义，尊重历史，实事求是，理清世家，各归所属，传承中华姓氏文化，弘扬祖德，为海内外广大宗亲寻根认祖提供依据，增强民族认同感和凝聚力，为促进社会经济发展和祖国和平统一，实现宗族和睦、社会和谐、世界和平作贡献。"其修谱原则是："参考欧、苏谱法，摸清世家，纵贯时间，谱以最早为断，祖以知者为断，不强其所不知，不略其所已知，知者叙之，不知者宁缺勿错。反对主观臆断，反对统宗统系，不冒认别系、别房、别派祖源。"《中华邱氏大宗谱》分总谱和各地分谱两大部分。总谱内容通贯古今，上溯可确认之始祖，下限衔接各地始迁祖并下衍五代，古今人物卷的下限至该卷截稿时止。总谱分为编首卷、历代谱序卷、各地世系卷、古今人物卷、各地开基祖及其后裔聚居地卷、祠墓文物卷、宗族文翰卷、旧谱世系卷、谱学论略卷、附录卷十部分内容。各地分谱由各分会负责编纂，全国400多个分会于2011年完成全部编纂刊印任务。总会成立六年时间，邱家儒捐资2000多万元，各地邱氏宗亲在编修分谱的同时捐资修祖祠、祖坟两千余座，邱氏宗亲投资数亿元兴建学校，募集上千万元教育基金，资助奖励贫困学生和优秀学生两千余人。

（四）海内外中华氏族修谱热潮高涨，谱牒数量激增

1.修谱热潮首先出现在台湾地区。台湾自古是中国领土，绝大多数台湾人民是从大陆迁移过去的，台湾与大陆有着深厚的"宗亲感情和念祖情结"。但由于海峡两岸被人为隔离，台湾人往往在自己的聚居地建立祖籍祠堂、庙宇，编修族谱。

早在 1945 年，台南陈仁德就发起和创立台湾族谱学会。

1956 年，台湾省文献委员会开始着手对民间收藏的台湾家谱进行普查。1977 年由著名历史学家戴炎辉出面牵头成立台湾地区"宗亲谱系学会"。至 1985 年，台湾有 19 个世界宗亲会及 58 个省、市宗亲会，在《谱系与宗亲组织》一书中一一介绍。

1977 年台中成立台湾省名姓渊源研究会，并出版《台湾源流》季刊，发表大量有关谱牒、姓氏的文章。

1981 年，台湾"联合报文化基金会"成立国学文献馆，重点收藏家谱等文献资料，连续免费举办四期族谱研究班，于 1983 年至 1996 年先后七次召开亚洲谱牒学术研讨会，会后及时出版七本论文集。

近六十年来，台湾地区出版了一批家谱书目著作，共 15 种之多，实际收录家谱一万多种。最重要的是辑成《台湾区族谱目录》（1987 年由文化大学谱系研究所所长赵振绩主编，陈美桂编辑）。从《台湾区族谱目录》可知：一是台湾地区藏谱一万多种，藏谱量位居中国第二；二是反映台湾与大陆的密切血缘关系，其祖籍在大陆的占 98% 以上；三是台湾藏谱绝大部分是近五十年编修的。

2. 大陆修谱热潮后来居上。1966 年至 1978 年间，大陆视家谱为封建糟粕，大量旧谱被销毁，即使存放在图书馆的家谱，也是堆在角落里，任其被虫蛀、尘封，人们谈谱色变。

1978 年，中国共产党召开十一届三中全会以后，中国大陆确立了解放思想、实事求是的思想路线，一度荒芜、无人问津的谱牒研究又重新引起人们的关注和重视。

20 世纪 80 年代，一些谱牒研究者开始在报刊上发表谱牒研究文章。1988 年 7 月 11 日，在国家档案局、中国社科院的支持下，由山西省社会科学院牵头正式成立了"中国谱牒学研究会"，并于 1988 年和 1991 年召开两次全国性的谱牒学术研讨会，编辑四期《谱牒学研究》刊物，发表 80 余篇关于家谱研究和姓氏渊源的文章。

1994年2月，山西省社会科学院又建立了家谱资料研究中心。之后，江西、福建、上海等省、市也成立了谱牒研究会，湖南、广西、四川、北京等地的出版机构相继出版了《中华姓氏谱》《中华姓氏通史》《华夏姓氏丛书》等著作。

20世纪末，上海图书馆对家谱资源重点整理与开发，至2008年共收集整理家谱21万种、19万册。上海图书馆于1998年11月召开了"全国谱牒开发与利用学术研讨会"，会后出版了《中国谱牒研究》论文集，共收论文36篇。2000年5月，上海图书馆召开了"迈入新世纪中国族谱国际学术研讨会"，来自日本、新加坡、美国、越南、台湾、香港等国家和地区近百名学者参加了这次世纪之交的谱学盛会。会议就编辑《中国家谱总目》、家谱的数字化、新修谱牒、中外谱牒比较等问题进行了讨论，并出版了《中华谱牒研究》论文集，共收集35篇论文。

在中国大陆，民间修谱最活跃的省份是福建省，然后是江苏省、浙江省、安徽省等，其他省份也各以其特色紧随其后，大有你追我赶、不分上下之势。比如，河南的炎黄姓氏研究，河南、四川、山西的谱牒新体例研究与使用等。

3. 新修期谱牒数量激增。如前篇所述，元代谱牒总量在200种左右，明代修编谱牒总量有1000种以上，清朝、民国时期谱牒总量近两万种；新修期谱牒总量呈激增状态，创谱牒发展各个历史阶段之最。纸质簿籍、书籍类谱牒，只限于海内外公立图书馆及有一定规模的私藏单位收藏。据上海图书馆历时八年编修的《中国家谱总目》统计，截至2003年汇总之总量为76781部，52401种[49]。《中国家谱总目》的统计截止年限为2003年，2003年至今仍处于海内外修谱热潮时期。另外，除纸质谱牒，近年来光盘谱、胶卷谱、网络谱已开始流行于世，再加上因民俗文化复兴而兴起的祠谱、坟谱和神谱大量增加，截至目前，中华谱牒的总存量应该在六位数以上。

海内外中华谱牒数量的分布，据王鹤鸣《中国家谱通论》载，目前谱牒谱籍所在地以浙江为最，台湾地区其次，排第三位的当属安徽，山东、河北、河南、山西、四川等省排列其后，最少的是西北、西南地区。谱籍在浙江的谱牒达 12778 种，占存世中华谱牒的四分之一；台湾地区的谱牒，其始祖或支祖祖籍多为福建、广东，存量近万种。

《中国家谱总目》共收集了 608 个姓氏谱牒，其中单姓 552 个，复姓 56 个。宋代编纂的《百家姓》，对后世产生了重要影响，共收录姓氏 404 个。《中国家谱总目》中谱牒的 608 个姓氏涵盖了《百家姓》中的 371 个，占 84%。

基于多贺秋五郎对当时谱牒发展状况的论述和近三十年来海内外谱牒发展势头分析，几十年后，中华谱牒总的分布特点，从编修数量和增长速度上，中国大陆要大于、快于海外，华北要大于、快于华中、华南；从编修体例、内容、使用方法的创新上，华中、华南不如东北，东北不如华北；总体上，中华谱牒修编、珍藏、使用呈现出由少到多、由简变繁、持续高潮，科学化、民主化、大众化、社会化、实用化的发展势头。

（五）政府支持，部门要求，新修谱牒突出"三新"

中国现代，尤其是新中国成立六十多年来，中华谱牒发展迅速的根本原因是国家领导人重视，国家文化部门支持。国家领导人毛泽东、江泽民、胡锦涛等，在不同的场合对民间修谱及宗亲活动均给予充分肯定；文化部要求全国有关单位全力协助《中国家谱综合目录》及《中国家谱总目》之编修，曾于 1984 年和 2000 年两次发文，对修谱价值、意义和方法均作了详尽的论述，并提出明确要求。

孙中山先生《在广州孙氏宗族欢迎会上的讲话》中讲道："族谱记述的中华民族，由宗族的团结扩大到国家民族的大团结，这是中国人具有的良好的传统观念……四万万同胞，皆黄帝之子孙，其始均无所谓氏族者，自人民繁衍，而姓氏生，而家族之见重……合无数之家族而成为国家。"[50]

1958 年毛泽东在中央政治局扩大会议上论述有关历史问题时曾经提到：搜集家谱、族谱加以研究，可以知道人类社会发展的规律，也可为人文地理、聚落地理提供宝贵的资料。[51]

江泽民 2005 年 5 月 4 日视察上海图书馆时讲道：家谱是一种文化，可以体现一些优良传统，将几千年文明流传下来，对海内外华人寻根问祖有帮

助，有其价值，但要辩证地对待。㊷

胡锦涛 2005 年 5 月会见台湾亲民党主席宋楚瑜时，赠送其一套民国 30 年（1941）刻印的《湘潭韶山宋氏石潭房七修族谱》，其寓意深刻，表明了海峡两岸同胞血浓于水的血缘关系。㊸

文化部办公厅《关于协助编好〈中国家谱总目〉的通知》称：家谱是记录同宗共祖的血缘集团世系、人物和事迹等方面情况的历史图谱，它与方志、正史构成了中华民族历史大厦的三大支柱，是我国珍贵的文化遗产的一部分。家谱蕴藏着大量有关人口学、社会学、经济学、历史学、民族学、教育学、人物传记及地方史的资料，对开展学术研究有重要价值，同时对海内外华人寻根问祖，增强民族凝聚力，有着重要意义……㊹

中华谱牒新修阶段突出"三新"：观点新、资料新、方法新。

所谓观点新，就是在继承传统谱牒理论的基础上，努力以历史唯物主义观点、以现代人的观点和理念编修新谱。旧谱牒保存了当时许多重要的经济、政治、文化、教育、人口、思想等史料，但同时也有大量"三纲五常"等封建伦理道德和"光宗耀祖"等旧的传统观念，也必然存在"攀附显贵""扬善隐恶"等弊病。现阶段很多新的家谱努力以马列主义、毛泽东思想、邓小平理论、"三个代表"重要思想、科学发展观和"誓圆中国梦"实现中华民族伟大复兴为重要指导思想，用历史唯物主义观点修谱，摒弃旧谱中的封建糟粕，弘扬社会主义时代精神，通过编修新谱为社会主义两大文明建设服务。

所谓资料新，就是新谱不再记录封建、愚昧、迷信的东西，大量记录反映新社会科学、民主、发展、和谐内容的资料和对学科研究有用的信息。比如反映宗亲联谊、民族团结、国家统一方面的信息；反映人体生理遗传、智商、情商方面的信息；反映经济发展、社会繁荣方面的信息；反映男女平等、自由民主方面的信息；反映尊老爱幼、家庭和睦、遵纪守法方面的信息；反映刻苦学习、勤劳致富、艰苦创业方面的信息；反映族人聪明才智、技能技艺、综合素养方面的信息；反映族人社会活动、传统民俗、民间精粹方面的信息；反映传统美德、社会公德、职业道德方面的信息；反映孝道、感恩、担当方面的信息；反映一些负面典型，可启迪教育族人的信息，等等。

所谓方法新，就是谱牒编修、珍藏、使用的方法与旧谱比较，有许多新的变革。比如宗族的修谱机构，旧谱是"族长"和几位辈分大的长者组成，录入族人信息的主动权在少数人手中；新谱修谱组织机构，大多由族中有威望、有能力、有实力的族人牵头任修谱委员会主任，召集部分有能力的族人参加，录入信息比较民主，甚至使用《现代族谱》新体例修谱，录入信息的主动权完全掌握在族人自己手中。比如旧谱使用平时记录手抄本，每隔三十年、六十年汇总手抄本，前谱作废，一次刊印，专人保管的方法；部分新谱则使用即时、持续、长久记录的续填续记式的《现代族谱》，族人重修族谱的时间可延长到200年至300年，族谱由自己保存。比如谱牒体例，旧谱多使用欧、苏"五世图式＋世系小传"的小宗体例，现代部分族人使用大宗小宗共存体例。比如谱牒内容，旧谱内容最丰富的清朝，内容栏目不过30多项，新谱内容栏目大都在40多项，《现代族谱》设置大量生理遗传信息、学科研究信息和经济发展信息，总的内容栏目量达94项。还有男女平等，修谱民主化、大众化、社会化，等等。

注释：

①台湾联合报文化基金会国学文献馆编：《第三届亚洲族谱学术研讨会会议记录》，经联出版事业公司1987年。

②杨冬荃：《中国家谱起源研究》，《谱牒学研究》第一辑，书目文献出版社1989年，第54页。

③黎小龙：《从民族学资料看家谱起源》，《谱牒学研究》第三辑，书目文献出版社1993年，第26页。

④张润棠：《眉县杨家村窖藏青铜器述评》，《宝鸡文理学院学报》2003年第5期。

⑤王鹤鸣：《中国家谱通论》，上海古籍出版社2010年1月，第77页。

⑥王鹤鸣：《中国家谱通论》，上海古籍出版社2010年1月，第77页。

⑦台湾联合报文化基金会国学文献馆编：《第一届亚洲族谱学术研讨会会议记录》，1984年。

⑧《第一届国际唐代学术会议论文集》，1988年。

⑨杨殿珣：《中国家谱通论》，《图书季刊》新三卷，第1—2期，1944年。

⑩《册府元龟·国史部·谱牒门》。

⑪《古今图书集成·氏族典·许姓部》。
⑫《古今图书集成·氏族典·胡姓部》。
⑬郭峰：《晋唐时期的谱牒修撰》，《中国社会经济史研究》1995 年第 1 期。
⑭《新唐书》卷一九九《柳冲传》。
⑮《新唐书》卷一九九《柳冲传》。
⑯《歙西范川谢氏支谱》，1925 年。
⑰《宋史》卷四三九《梁周翰传》。
⑱《嘉祐集》卷一四《苏氏族谱·谱例序》。
⑲《浙江新昌南明石氏宗谱》，乾隆五十年。
⑳《新安潘氏宗谱序》。
㉑《浙江新昌南明石氏宗谱》，乾隆五十年。
㉒《欧阳氏通谱跋》，1993 年铅印本。
㉓《陈氏宗谱朱熹序》，2001 年德星堂铅印本。
㉔《芎城族谱原序》，《胡氏十修族谱》，1998 年。
㉕《朱子全书》第二十六册，《朱子遗书》卷五，上海古籍出版社、安徽教育出版社联合出版，2003 年。
㉖《庆元续修谱序》，1911 年。
㉗《氏族略序》。
㉘《宋会要辑稿》职官二〇三五。
㉙《宋会要辑稿》职官二〇。
㉚王鹤鸣：《中国家谱通论》，上海古籍出版社 2010 年 1 月，第 147 页。
㉛王鹤鸣：《中国家谱通论》，上海古籍出版社 2010 年 1 月，第 149 页。
㉜转引自王鹤鸣：《中国家谱通论》，上海古籍出版社 2010 年 1 月，第 152 页。
㉝《休宁陪郭叶氏世谱》，弘治十一年。
㉞王鹤鸣：《中国家谱通论》，上海古籍出版社 2010 年 1 月，第 171 页。
㉟杨殿珣：《中国家谱通论》。
㊱李林：《满族家谱选编》，辽宁民族出版社 1988 年，第 9 页。
㊲郑伟强：《彝族谱牒之研究》，《江西财经大学学报》2004 年第 1 期。
㊳华林：《彝文历史谱牒档案探析》，《思想战线》1997 年第 3 期。
㊴《人文学刊》第二卷第 8、9 期，1931 年。
㊵《文史通义校论》卷六"外篇一"。
㊶《章学诚遗书》卷二一《高邮沈氏家谱序》。
㊷《章学诚遗书》卷二三《家谱杂议》。

㊸《章学诚遗书》卷二三《家谱杂议》。

㊹《家谱还有些什么意义》，《东方杂志》第四十三卷，1947 年。

㊺ 罗香林：《中国族谱研究》，香港中国学社 1971 年，第 2 页。

㊻ 罗香林：《中国族谱研究》，香港中国学社 1971 年，第 12 页。

㊼《合肥阚氏重修族谱序》，《孙中山集外集》，上海人民出版社 1990 年 7 月。

㊽ 转引自王鹤鸣：《中国家谱通论》，上海古籍出版社 2010 年 1 月，第 263、264、265 页。

㊾ 王鹤鸣主编《中国家谱总目》。

㊿《孙中山集外集》，上海人民出版社 1990 年 7 月。

(51) 王鹤鸣：《中国家谱通论》，上海古籍出版社 2010 年 1 月，第 271 页。

(52) 上海文史资料第 129 辑《波澜壮阔三十年》上册，2008 年 12 月，第 81 页，王鹤鸣《党和国家领导人对上海图书馆新馆的关爱》。

(53) 王鹤鸣：《中国家谱通论》，上海古籍出版社 2010 年 1 月，第 271 页。

(54) 文化部办公厅于 2001 年 2 月发《关于协助编好〈中国家谱总目〉的通知》办社图函〔2001〕29 号。

第三章 传统谱牒之辨正

传统谱牒在几千年的发展过程中，不同历史时期往往具有不同的思想灵魂。为适应族人、氏族、社会、国家之需要，不停地变换着体例、内容、编修、珍藏与使用，体现出不同的功能、价值和意义。站在现代族人、现代民族、现代民族、社会和国家的角度，用现代人的观点、理念以及现代族人、氏族、民族、社会、国家对谱牒文化的要求，来审视传统谱牒，自然会有这样那样的缺陷和不足。"用现代思想、观念、技术、方法弥补这些缺陷和不足，形成新谱牒，正是该部分之主旨。

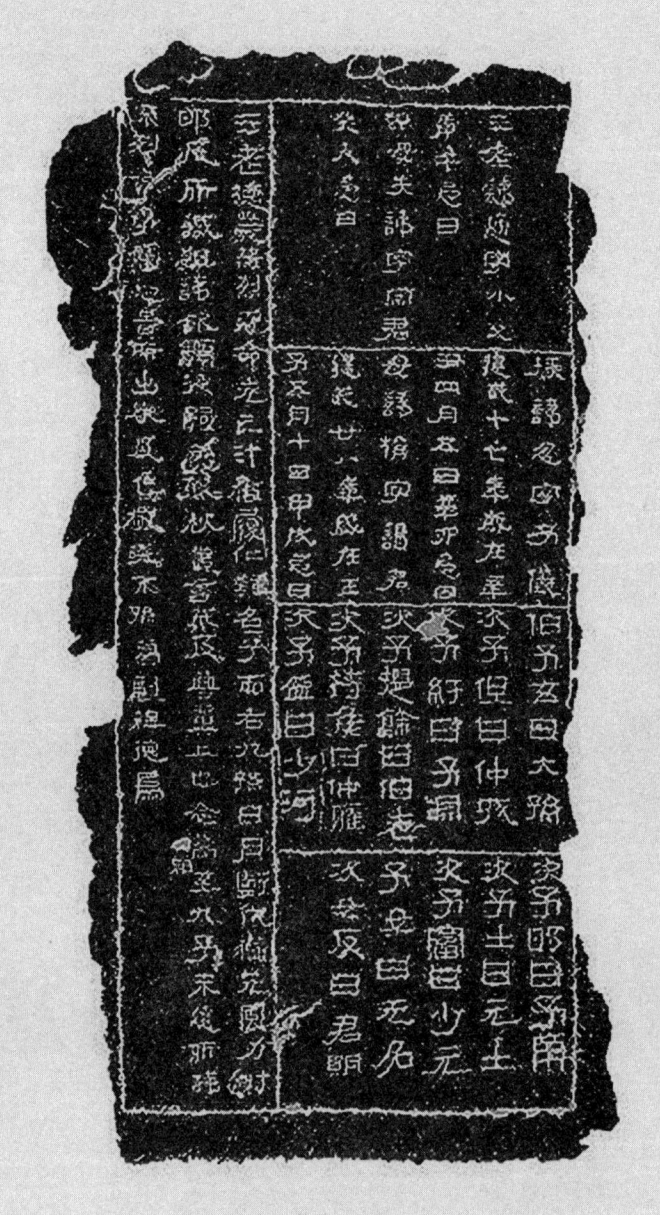

汉代《老三碑》拓片（石碑谱牒）

东汉建武二十八年（52）刻碑。清咸丰二年（1852）出土于浙江余姚县。此碑左部分为三老功德和立碑目的；右边分四格：一格祖父名讳、忌日，二格父母名讳、忌日，三、四格为兄弟姐妹名字，为列表式谱牒。

一、概念之辨正

谱牒的概念，主要包括谱牒本身定义、命名及谱牒编修、珍藏、使用过程中所涉及的一些概念，比如始祖、始迁祖，家族、宗族、氏族、派、系、支、门、房，谱牒体例、内容等。这些概念形成并应用于特定的历史环境，而现代社会是否还能接受，有些方面是否需要改变、完善和提高，这些问题直接影响到新修谱牒的功能。

（一）定义之辨正

关于谱牒的定义，前篇已有所论述，大致有"家史说""簿籍书表说""载体说"三种。如果从民俗的角度和历代谱学家的习惯来解释，谱牒就是家谱，就是记录氏族世系和人物事迹的书。然而，作为一门学问，所有的概念必须有其科学、合理、规范、全面、深刻的说法。谱牒就是个"载体"，一般来讲谱牒定义由四个部分组成——载体、主体、内容、录入方法。

在几千年谱牒发展历程中，其"载体"曾经有过口传、结绳、忆念、简、帛、布、石碑、宝塔、纸张（或书、图、表）、光盘、电脑等，所以其中任何具体的载体均不能代表全部"载体"，可能用"载体"较为准确吧！

谱牒"载体"上承载的主体，大多数学者认为是"同一血缘集团"，是"宗族""世族""家族""氏族"等。历代谱牒上承载的主体真的是"同一血缘集团"吗？是氏族的"一厢情愿"，还是事实上如此？事实上几乎所有的谱牒都很难达到真正的"同一血缘集团"的要求。且不说众多的"联宗谱""合谱"，甚至"古今万姓统谱"。宋朝之前的"官谱"，就是一族一姓的私谱，因历史上大量的异源同姓，大量的赐姓、改姓，还有族人收养的干儿女、再婚带人的子女及其他原因造成的,实质上并非本族血统之族人在谱牒上的出现,已充分证明。谱牒"载体"上承载的主体,如果是"宗族""世族"肯定不行,因为它们不适应现代社会;如果是"家族",似乎也不合适,原因是"家族"似乎其表示范围太小,不能涵盖全部氏族;如果界定为"血缘集团",倒是也能涵盖"宗族""世族""家族""氏族""同一血缘集团"等,但有违民俗之嫌。综合分析,谱牒"载体"上承载的主体界定为"血缘集团或氏族"较为科学,也符合民俗之意。

几乎所有的谱牒学者均认为谱牒主体上的主要内容为"世系"和"人物事迹";然而,实际上谱牒主体上的主要内容只是"世系"和"人物事迹",远远不能适应现代人的需求。因为它排斥了大量的学科研究资料和大量人体生理遗传信息的录入。现代社会三十多个学科的研究者,后代人都需要大量的除人物事迹之外的"人生信息"在谱牒中记录并传于后世。所以,谱牒主体上的主要内容还是界定为"血缘集团或氏族世系及其人生信息"为好。如果把"人生信息"细化为传统民俗信息、社会活动信息和生理遗传信息,将更为完善。

谱牒内容的录入方法与其载体有关。如果载体是书、簿籍、图表,录入方法当然是"记录"或"记";如果载体是口传、结绳,录入方法就是"述";然而,无论"记"还是"述",都不能准确表述"忆念"载体的录入方法。如果确定是载体,那么录入方法只能是"承载"。

(二)谱名之辨正

因谱牒历史悠久,使用范围广泛,用途、品种多样,人们对其称呼命名很不一致。历代能称得上谱牒的有一百多种(前篇已述),有些谱学家说这一百多种称呼都叫谱名。

笔者认为,谱牒学作为一门学问,对一些概念性的东西,应该予以规范。谱名只能有一个,即为"谱牒",凡是符合谱牒组成四要素的,均应视为"谱牒"。在谱牒几千年的漫长发展过程中,其在以"谱牒"命名之前,所有符合谱牒组成四要素之载体的其他命名和"谱牒"命名之后其他众多称呼,应该界定为"泛称""俗称"或"别称"。

谱牒在使用过程中，各宗族根据环境需要称呼"泛称"或"俗称"并不为过；然而，作为谱牒学著作，谱名、"泛称"不分，甚至在同一段文字、同一句话当中，同时出现几个不同的"泛称"，太不严谨了！我认为在谱学著作中谱名之"泛称"也只能用一个或一套，其余众多之"泛称"可列入"俗称"或"别称"之列。

在谱牒学著作中，使用"泛称"而替代谱牒名最多的有三种：家谱、宗谱和族谱。对这三种"泛称"，大部分谱牒学者概念不清，使用混淆。多数学者要求规范，但说法不一，只有各行其是。有些谱学家认为应该以"家谱"为"泛称"，以之概括所有谱系之书，理由有三：一是自唐代以来，家谱已成为谱系之书中最通行的名称。二是家、宗、族都含有同一血缘关系社会组织的意义，家庭是最核心、最基础的，宗的范围要大一些，族的范围更大；以家谱概括宗谱、族谱等谱系之书是很自然的，也比较恰当。三是以家谱命名来概括谱系之书，更有亲切感。

笔者认为，"家"只能代表一个家庭，充其量代表"五代近亲"；"族"是指一个姓氏氏族的整体；"宗"和"族"从表述氏族范围的角度不便区别。用"家谱"概括"族谱"，以小含大没有说服力，至于历史上如何命名，是否"亲切"，可以作为命名的理由之一，但绝不能作为主要理由；主要理由应该为"是否科学、合理"。权衡利弊，"族谱"作为谱牒之泛称，概括所有谱系之书，比较有说服力，也便于与相关概念相衔接。以"族谱"为基本谱名，对同源同姓宗族内不同范围的谱牒、异源同姓的谱牒、同源异姓的谱牒、异源异姓的谱牒分别冠以限定类别之词，形成系列谱名，将显得科学而又实用。

（三）始祖之辨正

"始祖"是姓氏学和谱牒学最重要的概念之一，是谱牒所承载宗族成员中最主要的人物。然而，什么是"始祖"，从谱牒学学术的角度怎么界定"始祖"，好像历代谱牒学著作没有规范、统一的说法。很多历史悠久的姓氏为黄帝赐姓，称黄帝为"人文始祖"，海内外中国人均认为自己是炎黄子孙。比如，在谱牒上记录：黄帝赐某为某国王，遂以国为姓，某为我族始祖。很多宗族立某朝某代某位同姓名人为己始祖。有些年代不太长的氏族，欲立某位先人为始祖，但又觉得该先人之前尚有很多的祖先，就确立为"始迁祖"，顾名思义，是这位先人第一个迁入此地、世代繁衍。更有甚者，干脆直接把某位已知的先人确立为始祖。历代谱学家和宗族均认为谱牒是记录族人纯正、同一血缘关系的书，当然始祖是这个"同一血缘关系"的第一人。然而，有谁去规范、统一、系统地界定始祖？谁想怎么记就怎么记，谁想怎么说就怎么说，总不是个办法！

笔者认为，不仅"始祖"概念界定要规范，而且与"始祖"相关联的，同源同姓氏族内其他祖先，以及异源同姓、同源异姓、异源异姓氏族之间称呼界定也要规范。比如，异源同姓之间称"派"或"系"，甚至有些谱牒称"支"；同源同姓氏族内的各支族也称"派""系"或"支"。同源同姓谱牒氏族范围内称"支""门""房"，有的"房"比"支"大，有的"门"比"支"大，有的"支"比"房"大，很难界定。如果我们把异源同姓之间、同源异姓之间、异源异姓之间分别使用不同的称谓，同源同姓氏族内不同范围之间使用相对规范的称谓，将会为谱学研究和谱牒使用提供便利。

（四）中华血缘集团缘起与称谓之辨正

中华历史有史前时代和历史时代之说，史前时代的历史依据传说，学者们各持己见、说法不一，但大致是一致的，传说与考古科学判断也是基本一致的。人类历史进入新石器时代，距今约一万年，可能就是传说的"盘古开天地"时代。"盘古开天地"之后，经历了天皇氏、地皇氏、人皇氏、五龙氏、燧人氏等古帝王才进入伏羲氏时代。伏羲氏时代又经历了太昊伏羲氏、女娲氏……无怀氏十几个古帝王时代，才进入神农氏时代。神农氏时代经历炎帝、帝临魁、帝承、帝明、帝直……榆罔等古帝王时代，而后进入五帝时代。皇帝、颛顼、帝喾、尧、舜之后方进入夏朝。

据专家考证，谱牒起源于母系氏族社会，应该相对应于传说的女娲氏时代；血缘集团早于谱牒，家庭早于血缘集团是必然规律。据此，可以推测，早在"三皇""燧人氏"时代就已经开始有了"明确血缘关系，禁止近亲婚配"的家庭和血缘集团；至女娲氏（母系氏族社会）时代家庭和血缘集团（后人称之为氏族）已经比较规范。五帝时代是母系氏族社会向父系氏族社会过渡的关键时期，以家庭和血缘集团为主体的氏族已经非常规范，但规范之目的尚未突破"明确血缘关系，禁止近亲婚配"。

周朝，已经进入封建社会，出于统治、愚弄人民的目的，统治者打着"亲和、尊祖、收族"的旗号，将原本以"明确血缘关系，禁止近亲婚配"为目的的家庭和血缘集团强加上"宗法"的属性；这种状态，不管历朝历代如何变换说辞，其实质从未改变，直到封建社会结束为止。与此同时，家庭和血缘集团的称谓，也由之前的"氏族"摇身变为"宗族""世族""士族""庶族""家族"等等。夏、商朝代，经历一千多年，其间家庭和血缘集团的属性，是先前的"明确血缘关系，禁止近亲婚配"，还是受之"宗法"而统治族众，或者二者兼而有之，因史料所限，不得而知；依据规律分析，应为过渡阶段。

从周朝到中华人民共和国成立，在三千多年漫长的封建社会中，家庭和血缘集团的称谓随着封建朝廷和宗族中少数人的意愿在变化：周朝至魏、晋，称之为"世族""宗族""士族""庶族"的多；唐、宋朝代称之为"家族""宗族"的较多；明、清至民国，称谓有点乱，以"家族"稍多。

当今社会，由于曾经长期受到封建宗法约束，代代相传的血亲还在，现代家庭和现代血缘集团还在。那么，现代社会我们应该如何称谓现代家庭和现代血缘集团呢？笔者认为：

一、"宗族""世族""士族""庶族"这些称谓，因实质已经不复存在且与现代主体社会意识相悖，肯定不能沿用。

二、因为血缘集团是以姓氏为基本要素组成的群体，所以无论史前氏族社会的"氏族"是何含义，现代血缘集团称为"氏族"较为合适。

三、家庭，原指"以共同父母为中心，上下代血亲构成的单户群体"，继之有突破单户，将几十户、上百户称其为"大家庭"的说法。如果将五至六代近亲之群体，称为"家族"，也很贴切。

（五）修谱方法，谱牒体例、内容概念之辨正

在编修谱牒过程中，修谱方法、谱牒体例、内容是最基本的概念。然而，古今众多谱学著作，从未系统规范之。相反，大量的谱学著作和修谱实践，常常出现修谱方法和谱牒体例不分，谱牒体例和谱牒内容混为一谈的现象，给谱牒学研究和族谱编修带来很大不便。

笔者认为，应该以传统谱牒研究和传统谱牒编修实践为基础，结合现代新谱牒修编实际，系统规范修谱方法和谱牒体例、内容的概念。比如：

1. 修谱方法。修谱方法指谱牒编修主持人、间隔年限、组织机构、操作程序和具体环节操作办法等。

（1）主持人：如官修、族修、户修（人修）、族户同修等。

（2）间隔年限：如三代续修、即时持续长久记录等。

（3）操作程序和具体环节操作办法。

2. 谱牒体例。谱牒体例指谱牒的质地、录入方法、编修格式及其内容的组织形式。主要有如下几个方面：

（1）载体的质地及录入方法。如口传家谱，口传心授；忆念家谱，俗传忆存；结绳家谱，绳传标记；实物家谱，物传手记；纸质家谱，纸传手记；网络家谱，网传手记；等等。

（2）血缘集团或宗族的限定。如会通谱、统宗谱、总谱、合谱、联谱等的设定。

（3）纸质谱牒的纸张质地、设计策划、手抄印刷、装帧包装。如特制宣纸、竖版线装、机制手抄、木质谱盒；普通书纸、横版平装、机制印刷、纸质谱盒。

（4）内容栏目排列及栏目内容的组织文体。如叙述式、图表式，表、志、图、纪、传等。

（5）世系图等栏目内容的录入原则。如世系图中族人排列是"五代一图"（小宗），还是几十代、上百代一图（大宗）等。

3. 谱牒内容。谱牒内容指谱牒的内容栏目数量及具体的栏目内容。

（1）栏目数量。栏目数量多，表示谱牒内容类别广泛，录入人生信息面广、量大。

（2）栏目内容。栏目内容科学、翔实、实用、具体，表示谱牒内容价值大，质量高。

二、功能之辨正

近现代多数谱牒学家，把谱牒在不同发展时期的功能界定为"优生功能""政治功能""伦理功能""文化功能"，应该说比较切合实际。然而，如果从谱牒发展的全过程认真分析其价值，总感觉在这些功能之外，还有些东西。比如说，谱牒的"优生功能"，无论在什么样的历史阶段，都应该存在；谱牒的"骨肉亲"和"宗亲情"之功能，也应该存在于任何历史时期；谱牒的宗族教化功能，实质上存在于绝大部分的历史时期；谱牒的学科资料功能，在其发展过程中从未消失过；谱牒的"历史佐证""文物"功能更是贯穿其发展始终；虽然"文化功能"的"文化"之意极为宽泛，但未必能够涵盖全部。

如果把谱牒在不同发展时期之功能界定为以某项功能为主、某些功能附之的复合型功能，可能会更全面、更准确一些。

三、价值之辨正

谱牒之价值是实现其功能的关键所在。当代谱学家对谱牒之价值大都作过精辟阐述，如前篇所述。王鹤鸣在《中国家谱通论》中指出，谱牒具有文物价值、资料价值、寻根价值、道德价值、文化价值五个方面的价值；欧阳宗书在《中国家谱》中提出，谱牒学研究具有继承祖国宝贵文化遗产，繁荣学术研究和海外炎黄子孙寻根谒祖、促进祖国统一三个方面的意义。谱牒在学术研究上，具有宗法制度研究价值、宗族法研究价值、经济史料价值、历史人口学价值、历史人物研究价值、教育史料价值、民俗学价值、宗教学价值、民族史价值、华侨史研究价值、重大历史事件资料价值等十一个方面的学术研究价值。

然而，总感觉这些观点似受某种约束，其"广度""深度""具体度"不够。比如，优生价值、民俗价值、经济发展价值、和谐聚力价值、服务宗族价值、服务政府价值等，表述得不甚明了；尤其是现代人为什么编修族谱，修编族谱有哪些现实意义，干脆避而不谈。这正是现代人所关心的问题，务必分析深透。

四、谱学思想之辨正

谱学思想，即谱牒研究、编修、珍藏、使用的指导思想。一千多年来，谱学思想随着社会需求在变化，宋代欧、苏体例谱牒谱学思想为"尊尊亲亲之道""尊祖、敬宗、收族""五世亲尽、亲尽则迁、图表不收"；明、清时期，以朱熹"'三纲五常''仁、义、礼、智、信''三代修谱'"和"百善孝为先"为谱学思想。谱牒新修期的谱学思想如何界定？肯定不能沿用先前时代，必须弘扬现代社会"民主、科学、和谐、发展"之主体意识，继承传统谱牒学之精华，突出"科学、创新、实用"之主题。

五、修谱方法之辨正

传统谱牒的修谱方法突出五点：氏族主持、少数决策、三代续修、严格程序、封闭操作。近千年来，这种修谱方法适应当世宗族制度，统宗收族、宣扬愚忠、愚弄族众，收到奇效。然而今天，现代族人主体社会意识、经济基础、社会环境等与旧社会比较，均发生了翻天覆地的变化；族人、宗族和社会对谱牒文化的要求，也与旧社会存在根本差异。比如：

古人视谱牒为封建宗族制度的重要组成部分，用于"统宗收族"，传播"三纲五常"；现代人则运用谱牒从事"文化交流"，开展"科学研究"，促进"和谐发展"。

古人修谱多为官修、族修；现代族人编修新谱主张"氏族主持和家庭主持"同时进行，甚至只是主张"家庭主持"，要求录入人生信息的决策权，由"少数人决策"变为"多数人自主决策"，将自己和自己家人的人生信息大量录入新族谱。

古人续修谱牒时间为"三代续修"，有时甚至上百年。因为采取平时记录人口变动以及有关族人事迹手抄本，每隔三十年、六十年乃至上百年一次刊印续修新谱的修谱方法，几十年内将漏掉大量族人情况；汇聚几十年、上百年手抄本，每次续修族谱除全宗族均参与外，还要脱产组织几十人、几百人专职修谱两三年、三五年甚至十余年，耗费谱银几十万元、几百万元，甚至几千万元（相当于现值），造成很多宗族或家庭无力修谱。现代族人认识到这种修谱方法的弊端，要求"即时持续长久记录"，从出生直到去世均可将自己的人生信息录入族谱。

古人修谱有"严格程序"，必须"封闭操作"。现代族人编修新谱要求以家庭为单位"自主决策""开放操作"；编修新谱的着重点，逐步由大氏族联合修谱向小宗族、几代近亲修谱转移；编修新谱族人地域范围，逐步由农村向城市转移。

六、体例之辨正

谱牒体例的发展，至明、清已经趋于成熟，其特点一是一族一姓为主，合谱、联谱为辅；二是纸质谱书图表为主，碑刻及其他介质为辅；三是谱纸一般书籍用纸为主，宣纸为辅；四是装帧平装为主，线装为辅；五是各氏族谱牒内容栏目极不统一，各自为政；六是仿照国史文体者越来越多；七是通谱、统谱、合谱越修越大，小支族谱越来越多；八是部分氏族仍然采用欧、苏"五世图式＋世系小传"的小宗体例，同时五世之外远近均书，世系图上溯几十代乃至上百代的大宗体例，在较大氏族谱牒中普遍使用。

然而，在谱牒发展新修期的今天，用现代人的观点和需求来衡量，明显存在六点不足。

其一，通谱、统谱、总谱，甚至较大氏族族谱的修谱体例，不适应现代"小支族"或"大家庭"修谱之需要。

其二，使用"五世图式＋世系小传"小宗体例设计"世系图表"，已明显不适应现代人的观念和需求；而按大宗体例设计世系图，因必须用连线来表示上下多世代的血缘关系，四五代之后很难再用连线连接，没有特殊办法几乎不可能按大宗体例设计十几代、几十代、上百代，能够确保传承关系脉络清晰的"世系图表"。

其三，"三代修谱"，大多情况下续修族谱间隔时间60—100年；使用一般书籍用纸作为谱纸，纸张寿命多为40—80年，储藏期间因谱纸破损而丢失大量信息。

其四，现代人需要记入谱牒大量有关情况；然而，按旧谱牒体例设计，无论如何也不能满足现代人的要求，谱牒体例严重制约其内容的录入。

其五，"谱法不一"，"各自为政"。氏族与氏族之间比较，谱牒"内容栏目"的种类极不一致，因此造成不良后果，且不说录入内容的数量多少、质量高低，只是谱牒内容的"同比价值"就大幅下降。

其六，联宗合谱失当。无论是否同源，出于某种目的，联宗合谱，祖宗合流，宗族势力大涨；就连一些大家族也是如此，甚至出现一些跨地区的联宗修谱现象，存有影响政治安定之嫌。这也是朝廷禁谱的主要原因。

怎样才能破解这些难题？四项措施足矣。其一，"谱法划一"。无论采用何种方法修谱，确保内容栏目统一。其二，建议采用"固续式"新体例谱牒修谱，既可确保续修族谱时间由原来的三十年、六十年，变为二百年、三百年，又可实现"谱法划一"。其三，"世系图"改变"五世图式＋世系小传"体例；在"世系图"内增加区别血缘关系的设置，确保男女族人、不同血缘关系者自由、同等录入。其四，建议采用"联谱""统谱""通谱""族谱""支谱""家谱"等多种体例修谱；鼓励族人编修"小支族谱"和"五六代之家谱"，促使修谱民俗活动由农村向城市转移。

七、内容之辨正

谱牒发展到明清，其内容已经达到极为丰富的程度。如前篇所述，明清谱牒内容有三十多个栏目。然而，用现代人的需求和观念衡量，传统谱牒内容之不足至少有七个方面：

其一，晦涩、封建、愚昧的内容较多。比如，传统谱牒文字难懂，一般文化水平难以理解文字内容、承担修谱任务；忠君、宗法、三纲五常、三从四德、崇敬鬼神、阴阳两界等内容较多。

其二，有些内容栏目，明显不适应现代社会。诸如圣谕、诰敕、五服图、仕宦、恩纶、神像、烈传、义田等。

其三，内容量少、面窄。传统谱牒中除世系之外，主要是族人中任官者、富有者的事迹和亲亲尊尊之道、三纲五常、三从四德、宗族法规之教化内容。"世系图表"中族人的情况无非是名字、生、卒、葬、娶妻（嫁夫）、生育情况而已。现代社会和现代人需要在谱牒中录入的大量信息，传统谱牒内容栏目没有设计要求。

其四，没有多学科研究所需素材的"内容栏目"的设置。在具体的"栏目内容"中，有关反映"多学科研究所需素材"的记录极少。因此，传统谱牒的科学研究价值大大降低，是谱牒学研究和氏族修谱的最大遗憾。

其五，"内容栏目"和"栏目内容"均缺少图、像、影、音之设置和录入。

其六，内容中，只是录入族人中的历史名人、达官贵人、文人墨客、富有者、忠勇者、节孝者等，绝大部分族人"平凡的生活"、平平常常的"世实"很少记录。这些被遗忘的大量的"平凡的生活"和"世实",正是最可贵、最难得的"微历史"素材。

其七,在具体内容录入过程中,一些千年流弊很难避免,比如"乱认祖先""伪冒名族""假托攀附""滥造世系""隐恶书善"等等。举例如下:

1. 在姓氏溯源上攀龙附凤,以上古或历朝历代帝王将相、贵胄名臣为本族始祖或远祖。即使以严谨、求真闻名的谱学大师欧阳修、苏洵也不能免俗。欧阳修在自己的家谱中将远祖推到夏禹,中历越王勾践;苏洵以颛顼为始祖,祝融亦是族内先人。通常林姓上溯到比干,陈姓以南朝陈武帝陈霸先为祖,李姓以李耳、李世民为祖,张姓以张良为祖,袁姓以袁绍为祖,钱姓以少典、黄帝为祖,萧姓以萧何为祖,周姓以后稷为祖,姜姓以姜尚为祖,朱、赵、刘、武等均以国姓族人为祖。

2. 为提高家族地位,乱标地望。王必琅琊,李必陇西,张必清河,刘必彭城,周必汝南,朱必沛国,钟必银川。

3. 世系虽长远,却不可靠。明清家谱多将家族远祖上溯到远古,历代世系十分清楚,数十代、上百代,代代不乱。然而,实际上初修家谱一般十代之内基本可靠,十代之外就要存疑,如果时间再长,因所需资料大多来源于回忆、附会或抄录史书、志书及其他图书,这些资料本身可能比较可靠,但当把这些资料附会到家谱上,可靠的资料对于这个家族世系来说,就可能变得不那么可靠。续修家谱,也一定会出现不可靠的情况,因为就目前掌握的情况,自上古而来,几乎没有哪个宗族谱牒世系是完整的,即使被认为是最可靠、最翔实的《孔子世家谱》,其世系在某些辈分上也有商榷之处。

4. 在一些迁入异地得到发展的家族,大多在始迁祖身上大做文章。

5. 书善不书恶。几乎在所有家谱的凡例中,都有"不书"条目,大多是"不道、乱伦、乱宗、绝义、辱先"。这样一来,家谱中只有好人、正人君子,而不见任何坏人。好人子孙繁盛,世系千秋;坏人无祖无宗,不见后人。

6. 所亲者讳。指参与编修宗族族谱的族人,在录入族谱信息时回避直接论及自己父母、祖父母等至亲名讳的封建礼仪。

7. 尊其所亲，近亲远疏，近详远略。指参与编修宗族族谱的族人，在录入族谱人生信息时对待自己的至亲比对待其他族人、祖先要重视得多、极为详尽的做法。

8. 借助名人为本族增光。"借名荣族"主要有四个方面：一是皇帝赐文，如圣旨、敕书、上谕、赐诗；二是名人序、赞词、颂诗；三是名人书法题字；四是引用名人文辞，甚至有些宗族修谱，名人文辞是伪造的。

现代新修谱牒内容的设置，要把握好五点：

一是在继承传统谱牒优良"内容栏目"的基础上，毫不留情地抛弃那些晦涩、封建、愚昧和不合时宜的"内容栏目"及"栏目内容"。

二是有些内容栏目，新修族谱可用可不用。比如"班辈""郡望""堂号"等。这些栏目，是传统谱牒中不可缺少的内容，直到现代一些宗族仍在沿用。新修谱牒并不排斥这些栏目的使用，但绝不苛求必须使用。因为，很多现代宗族，族人已经不再使用"辈字"取名，"郡望""堂号"的影响力已经弱化。

三是要尽量增设族人社会活动内容栏目、人体生理遗传内容栏目、学科研究内容栏目，在突出学科研究内容栏目和人体生理遗传内容栏目的基础上，有效解决传统谱牒内容量少、面窄的问题。

四是要本着"简繁允当""所亲不尊""公言不讳"的原则，实现"多层次""细微化"，既要"大而全"又要"微而精"，有效解决传统谱牒内容的质量问题。

五是认真分析谱牒千年流弊的成因及赖以存在的条件，采取有效措施，从而减少或避免这些弊端。比如，为什么宗族修谱很容易"作伪"，可能是"如果作伪了对宗族或族人有好处"。这个"好处"是什么？如果没有了这个"好处"，自然就会不作伪或少作伪。再比如，"书善不书恶"。按照传统谱学思想和伦理观念，宗族内出现了"不好"的事情，就会影响全宗族的声誉，甚至直接影响全宗族的利益。所以，为了族人乃至全宗族的声誉和利益不受损害，宗族组织者要求修谱时"书善不书恶"，族人非常乐于接受"书善不书恶"，自然都是明智之举。按照现代人的谱学思想和伦理观念，宗族内出现了"不好"的事情，对宗族没有什么"不好"的影响；相反，有些"不好"的情况，如实记入族谱后，对后人会起到很大的正面作用。宗族组织者支持、强调"实事求是"记录，当事人也会乐于接受，同样是明智之举。当然，族人"谱学思想和伦理观念"的转变，不仅需要时间、过程，更需要修谱方法、谱牒体例的改变所提供的环境。

八、编修之辨正

谱牒编修是谱牒实现其功能的重要环节。古代宗族编修谱牒有一套规范的方法，即一套严格的程序和几项硬性的要求。严格的程序为：组建谱局、筹集谱银、择日开局、收回旧谱、收集手抄、收发格册、查阅资料、审查核实、三校定稿、刊印毁版、订辑褙裱、出谱、拜谱、领谱。硬性的要求是：其一，"不可私修"；其二，"三代续谱"；其三，"书善不书恶"；其四，"所亲者讳"；其五，"女性族人和非血缘传人不得向后世传承记录"。这些传统的"严格的程序"和"硬性的要求"，明显不适应现代人编修族谱的需求。

传统修谱程序中，收集手抄、收发格册、刊印毁版、出谱、拜谱等环节，现代人不再沿用。"三代续谱"，三代大约75年，实际操作中一般氏族续谱间隔时间在60—100年，因续谱间隔时间太长，即使在古代宗法制度的强力约束下，也会致使很多宗族因此续谱中断，因此丢失大量族人信息，很多族人一生见不到自己的名字在族谱中出现。"不可私修"，即绝大部分族人没有修谱决策主动权，也就是说，宗族的族谱是由所谓的宗族领导组织主持修编。如何修谱，族谱中录入哪些内容，实际上是氏族中极少数族人的意愿，绝大部分族人需要记录的人生信息，不能录入族谱。"女性族人和非血缘传人不得向后世传承记录"，这一硬性要求目的是确保以男性为主体的宗族血缘之"纯正"。然而，这种要求从科学的角度分析是"徒劳"的，从宗族繁衍的实际分析几乎是"不可能"的。现在看来，如果以"理清血缘关系"为原则，这种要求是"没有必要"的。

现代人应如何编修族谱？应该有一套新的有效的程序。在具体编修环节上应做到三点：其一，打破"三代续谱"之惯例，什么时候需要修就什么时候修，即时把族人的人生信息录入族谱。其二，突破"不可私修"之禁区，要把编修族谱的主动权和录入人生信息的决策权还给族人，实现编修族谱"自主化"。其三，实现"男女族人同等录入""不同血缘关系同等录入"。要采取有效措施，确保族谱"世系图表"既能容纳"男女族人""不同血缘关系之族人"，又可实现各类族人之间"血缘关系脉络清晰"。

九、珍藏之辨正

古代宗族有极为严格的谱牒珍藏制度，如前篇所述。按房领谱，谱册编号，领谱盖印，专人珍藏或委托公立图书馆代为珍藏；不得出现鼠毁、虫蛀、潮湿变质、被盗、示外人等情况；每年清明节统一在祠堂当众验谱；视"失谱""毁谱""谱示外人"为大罪，与忤逆不孝、大逆不道、欺君蠹国等罪同处；出现问题有"不许入祖坟、不许入族谱"等严厉而又明确具体的处理措施。现代族谱珍藏条件与旧谱比较有"三不如"和"三好于"。"三不如"：一是旧谱严格的珍藏制度、措施荡然无存，对"藏谱人"的强制性、约束力不如旧谱；二是现代族谱珍藏分散，集中管理难，不如旧谱；三是现代人对藏谱的重视程度弱，不如旧谱。"三好于"：一是现代科学技术条件便于族谱长期珍藏，好于旧谱；二是现代族谱珍藏数量多，不易断代，好于旧谱；三是现代族谱编修珍藏社会化、民主化，便于完整保存宗族信息，好于旧谱。按照传统的思维模式分析，现代新修族谱珍藏确实是个大难题。

然而，如果我们跳出传统思维模式，分析现代新修谱牒的珍藏方法，可能会有一片新的天地。比如，实施修谱"民主化""自主化"，大量录入符合族人意愿的、有价值的内容，自己的族谱自己修，让族人真正认为自家的族谱是"传家之宝"，如此，可以断定，族人珍藏新族谱的积极性、主动性、责任心不亚于采用传统珍藏制度、措施，强力约束之效果。如果能够在修谱"社会化"的基础上，采用现代科技手段珍藏新族谱，将为新谱牒珍藏开辟新的途径。

十、使用之辨正

修谱的目的在于使用，使用的目的在于实现其功能。换言之，谱牒欲体现、发挥出何种功能、价值，就一定要有与其相对应的使用方法，这一规律已经被谱牒几千年的发展历史所证明。无论是魏晋南北朝至隋唐，为实现其政治功能，谱牒"官修官藏""官家查阅"，还是宋、元、明、清，为实现其"统宗收族""尊尊亲亲""伦理教化"之功能，谱牒"族修族藏""不示外人"，从未违背这一规律。

现代新修族谱的功能、价值均发生了历史性的变化，其使用方法如固守传统的"族修族藏""不示外人""宗族统治""约束族人""祠堂敬祖祭祀"，肯定适得其反。现代人如何使用新族谱？应该首先考虑到怎么使用才能充分发挥其功能、价值和现实意义，同时密切结合新的修谱方法、珍藏方法，应用现代科技手段。

十一、新修期存在的突出问题

尽管中华谱牒在新修期数量多、规模大，修谱和宗亲活动社会参与度高，政府支持、部门要求，体例、内容、资料、方法和功能出现新的质的大突破，已经达到了一个崭新的高度，然而，在发展中仍然存在一些不容忽视的问题。突出表现在如下几个方面：

（一）谱牒学研究不规范。一是政府支持，但无管理；二是学者有研究，但无规范、系统的研究；三是民间有研究，但呈无序状态。

（二）谱牒学理论概念不统一、不系统、不规范。

（三）氏族虽然成立了宗亲联谊组织，但"氏族约束力不强"，对族人的修谱行为约束力也不强，部分族人对修谱的重要性和紧迫性认识不足。

（四）新中国成立初期近三十年，大陆对新谱编修重视不够，不少氏族世系断档，很多资料难以获取。

（五）近几十年，社会稳定，经济发展，科学进步，人口繁衍快，人员流动性强。因族人数量较大，居住分散，修谱组织困难，使用传统的修谱方法，需要大量的人力、物力、财力和时间。

（六）否定旧体例、开创新模式本是好事，但修谱体例、内容和珍藏、使用方法五花八门、各自为政、极不统一，不能很好实现其功能。

（七）一些宗族修谱，旧谱的内容和体例在新修过程中仍然保留，虽有新的内容加入，但没有质的突破。

（八）一些宗族修谱，攀附富贵、近亲远疏、男尊女卑、书善不书恶、独尊己亲、有失公允、夸大事实、封建迷信、落后愚昧等这些旧谱的弊端仍然存在。

第四章 新谱牒的基本建制

新修谱牒是个什么样子？它的基本建构是什么？在了解传统谱牒概念、起源、发展历程、功能、价值、体例、内容、修编、珍藏、使用的基础上，结合现代人的理念及对谱文化的需求，从『民主、科学、和谐、发展』的角度，按照『三个最大限度』原则，认真思考策划，可清晰显示其全貌。

新修谱牒与传统谱牒比较最大的不同是『创新』，从概念、功能、价值、意义、到体例、内容、以及修编、珍藏与使用，全方位创新，以适应现代族人、民族、社会、国家之需要。

《孔子世家谱》（传统纸质谱牒）

一、概念

（一）谱牒定义

谱牒就是个"载体"，谱牒定义有四个组成部分——载体、主体、内容、录入方法。

谱牒是承载血缘集团或氏族世系及其人生信息的载体。

把"人生信息"界定为三大类：传统民俗信息、社会活动信息和生理遗传信息。三大类在具体操作记录时，可分为氏族"群体人生信息"和氏族成员"个体人生信息"两种形式。

有四种情况尽管符合谱牒定义四元素，但并非以"谱牒"命名：其一，因谱牒学原本是历史学的一部分，或者说是历史学的旁支，有些历史学类的书籍，其内容也是"血缘集团或氏族世系及其人生信息"，并非以"谱牒"命名；其二，有的纸质簿籍，尽管主要内容为"血缘集团或氏族世系及其人生信息"，然而世系很少，一般也不以"谱牒"命名；其三，一些具有特殊用途的文字介质，尽管主要内容也是"血缘集团或氏族世系及其人生信息"，但并不以"谱牒"命名；其四，一些姓氏之书，尽管也有大量"血缘集团或氏族世系及其人生信息"，但重点内容为姓氏文化，也不以"谱牒"命名。

（二）谱牒命名

"族谱"作为谱牒之泛称，概括所有谱系之书，比较有说服力，也便于与相关概念相衔接。比如：同一血缘关系"始祖"之氏族整体的谱牒可以"族谱"为泛称；同一血缘关系"始祖"之氏族的一部分（分支）的谱牒，可以"支族谱"为泛称；同一血缘关系"始祖"的氏族之中某连续五代近亲的谱牒,可以"家谱"为泛称;异源同姓之"族谱"可命名为"通族谱";同源异姓之"族谱"可命名为"统族谱";异源异姓之"族谱"可命名为"联族谱"。以"家谱""支族谱""族谱""通族谱""统族谱""联族谱"为系列泛称命名,从承载氏族成员人生信息广度、深度和不同成分的角度,作为载体比较系统和准确,具有较强的科学性。

(三)始祖及相关概念

1. "祖根""先祖""始祖""支祖""谱祖"的概念。炎黄之后,以不同渠道得姓,称之为姓氏"发起人";姓氏"发起人"之后,由于战争、人口流动等原因,在海内外出现大量以血缘传承为主的姓氏"分支";"分支"之后,因人口流动等原因反复出现大量姓氏同源"分支"。笔者认为:炎黄二帝为中华"祖根",炎黄之后的姓氏"发起人"为姓氏"先祖","祖根"和"先祖"均为非血缘关系为主的祖先;"发起人"之后,以血缘传承为主,有谱可载的姓氏"分支"第一代第一对夫妇为姓氏"始祖";"始祖"之后,以血缘传承为主,有谱可载的姓氏"分支",某世代第一对夫妇,为姓氏"某世支祖"或"支祖";《百年家谱》修谱人确定的,五代近亲的第一代第一对夫妇为"某世谱祖"或"谱祖"。"始祖""支祖""谱祖"均为以血缘传承为主的祖先。

2. "派""系""支""门""房""户"的概念。不同得姓渠道得同姓者(异源同姓),称之为某姓氏不同之"派";同一得姓渠道而得异姓者(同源异姓),称之为某姓氏不同之"系";同姓同源不同"分支",称之为某姓某"支";某"支祖"下三代之后也可称"门";某世代下三代之内也可称"房",兄弟姐妹之间称"户"(婚后独立门户)。

二、功能

把谱牒在某个历史时期的功能定位为以某项功能为主,某些功能辅之的复合性功能,可能更完善、更明了。比如说:周朝以前,谱牒功能界定为"优生功能为主，文物、历史功能为辅"；至魏晋南北朝和唐代，谱牒的功能定位为"政治功能为主，优生、宗亲、文物、历史等功能为辅"；进入宋代至元、明、清、民国，谱牒的功能定位为"'宗亲亲和与伦理功能为主'，优生、文物、历史等功能为辅"；现阶段新修谱牒的功能定位为"'文化传承功能、科学研究功能、宗亲亲和功能、和谐发展功能'共同构成的'大文化功能'为主，优生、教化、历史、文物等功能为辅"；等等。

三、价值

谱牒之价值是实现其功能的关键所在。近代谱学家对谱牒之价值大都作过精辟阐述，然其"广度""深度"和"具体度"仍显不够。在前人的基础上，受现代社会影响，笔者认为谱牒的价值应归结为十三个方面：

（一）文物价值。据《中国家谱总目》统计，珍藏在世界各地公藏和私藏图书馆的中国纸本家谱52401种、76781部，如把散存在氏族的族谱也计算在内，保守估计中国家谱存量应在6位数以上。这10多万部中国书本家谱，其中有不少属于善本，被《中国古籍善本书目》列为善本的家谱就有746种，实际达古籍善本标准的应在几千种、上万种。这些家谱均属国家级文物，如现存最早的《仙源类谱》系宋代内府抄本，至今已有近千年。民间尚存有大量几百年、上千年的手抄本家谱，均为极珍贵的文物。至于非书本家谱，如甲骨谱、青铜谱、碑谱、塔谱等更具有珍贵文物价值，是无价之宝。试想我们修编新谱，珍藏数百年也同样具有珍贵的文物价值。

（二）民俗价值。谱牒记载民俗信息内容广泛、描述具体、数量较大，除"风俗礼仪"栏目记载外，在"祠堂""坟茔""文艺""家族大事记""凡例""序"等栏目均有记载。主要民俗种类和内容有礼仪民俗、岁时民俗、婚丧嫁娶、鬼神禁忌、生肖姓氏、图腾信仰、古建民居、民间美食、民族服饰、游艺竞技、工艺美术、戏曲曲艺、传统技艺、五行八作、民间乐舞、生活民俗、信仰民俗、民间文艺、民间语言、神秘文化等，且记载的民俗具有极强的可操作性和与时俱进特性，是其他文献所少有的。

（三）学术资料价值。学术资料价值是体现谱牒综合价值的主要部分。古谱在记录内容较少且栏目不统一的情况下，仍记录了大量诸多学科研究的重要资料，其中大量的一手资料和从中统计出来的数据，是其他书籍无法替代的。著名史学家梁启超指出："族姓之谱……是重要史料之一，例如欲考族制组织法，欲考各时代各地方婚姻平均年龄、平均寿数，欲考父母两系遗传，欲考男女产生比例，欲考出生率与死亡率比较……无数问题，恐除族谱家谱外，更无他途可以得资料。"①按《现代族谱》编修、珍藏和使用要求，其记录信息数量是古谱的三倍，"谱法划一"将成倍增加谱载人生信息的同类比较价值，它将为历史学、社会学、方志学、民俗学、人类学、人口学、优生学、民族学、宗法学、风水学、考古学、宗教学、法学、文学、医学、教育学、经济学、伦理学、人才学、遗传学、生物学、文物学、统计学、生理学、食品学、服饰学、环境学、建筑学、交通学、礼仪学、心理学等三十多个学科提供无数跨时代的珍贵资料。

（四）宗亲亲和价值。古代氏族修谱最直接的作用就是宗亲相认，尊祖、敬宗、收族。著名的唐宋八大家之一苏洵，在宋仁宗至和年间修本族《苏氏族谱》时，论述修谱原因时说："……吾人所以相视如途人也，其初如兄弟也，兄弟其初一人之身也，悲夫一人之身分而至于途人，吾谱之所以作也。"②苏洵在《苏氏族谱序》中强调："呜呼，观吾之谱者，孝悌之心可油然而生矣！"实际上，骨肉血亲之情、父子兄弟之义，是人类高级智能动物"报恩"本性的表现，是人类固有的"美德"。这种本性不仅高级动物人类有，有的低级动物也有；不仅中国人有，外国人也有；只是中国人把它系统化、规范化、具体化，形成了"文化"代代相传而已。现代人与古人比较，这种"情""义""本性"并没有削弱，只是社会环境变了，非常需要通过族谱的编修、珍藏和使用，彰显人类固有"美德"。所以，族谱具有很高的"宗亲亲和价值"。

（五）道德教化价值。在古代，人们把道德教化比作谱牒的灵魂，比如明清谱牒的灵魂就是朱熹的"三纲五常""三从四德""仁、义、礼、智、信"

的理学思想,谱牒的这种道德教化作用非常明显,它整整教化族人近千年,为封建帝王稳定社会、统治愚弄人民立下汗马功劳。现代人编修《现代族谱》仍然具有道德教化功能,只是其记录栏目的内容发生了质的变化,它以"民主、科学、和谐、发展"为主旨,在"敬长老、孝父母、友兄弟、尊师长、睦近邻、崇俭朴、恤孤寡、戒淫逸、戒奢侈、禁赌博"等中华民族优秀传统道德伦理规范的基础上,体现了科学创新精神、稳定和谐精神、互助发展精神、忧国忧民的爱国精神、自强不息的奋斗精神、追求真理的奉献精神。这种中华民族传统美德与现代社会的家庭美德、职业道德、社会公德、个人品德有机结合,形成社会主义道德的主要内容,即《现代族谱》的灵魂,也是《现代族谱》道德教化价值之所在。

(六)丰富历史价值。正史、方志和族谱是构成中华历史大厦的三大支柱。然而,历史上的一些朝代对族谱丰富历史的价值没有认识到位,致使历史"失真",史料不全,尤其代表社会主流的平民阶层的史料"严重不足"。正是如此,著名史学家顾颉刚认为:"我国史籍之富,举世无比。然列代公认的官修正史,由于种种原因,自今论之尚难允称'信史'。今青年治史学,当于二十五史外博求史料,取精用宏,成就当前代所可比。而今我国史学领域有尚待开发的两个'大金矿'即地方志和族谱。它一向为治史者所忽视,实则其中蕴藏无尽有价的史料,为'正史'所难于悉纪,不为人所知者。"[③]大量史实证明,族谱在印证史家之论断,校勘史实之讹误,解决历史之悬案,补充历史之不足等方面具有重要的资料价值。

(七)文化传承价值。众所周知,家庭是社会的细胞,无论在过去的宗法封建社会,还是今天的社会主义社会,家庭始终是社会的最基本单位;只有家庭和睦、文明、稳定、兴旺了,社会的文明进步、发展繁荣才有深厚、坚实的基础。有了家庭的文明,才有氏族的文明;有了氏族的文明,才有民族的文明;有了民族的文明,才有国家的文明。中华民族有五千年辉煌的历史文明,她与世界历史上几大文明发源地之明显不同是其"历史文化的传承与积淀"。这种文化的传承与积淀正是中华文明几千年长盛不衰至今仍屹立在世界东方要诀之所在。修族谱是这种传承与积淀的主要方式，数以万计的家族、万万计的家庭通过编修、续修族谱，使本家族的世系不断，脉络延续，这就为中华五千年文明的不断延续发展打下坚实基础，提供充要条件。族谱正是这种文明的载体。

（八）和谐聚力价值。纵观中华谱牒的发展史，和谐、聚力、收族是古人修谱的主要目的，尤其是在受到社会动乱创伤之后，族人强烈要求团结、和谐、发展，宗族就用续修族谱的民俗活动来实现这种愿望和要求，从而带来了封建王朝由乱到治、由弱到强的变化。如秦汉之交、唐宋之交、元明之交动乱之后，均为中华谱牒发展的旺盛时期。现代社会编修新谱同样具有极强的和谐聚力作用，它对家庭和睦、民族团结、祖国统一，将会起到"磁场"向心的聚力作用，是其他任何形式所不能替代的。这种和谐聚力价值已被近三十年来中国大陆宗族之间及海内宗族之间频繁续修族谱，宗亲联谊活动，助推家族和睦、民族团结、祖国统一的具体实践带来的繁荣效果所证明。

（九）经济发展价值。封建社会族人续修族谱之目的，除了社会政治的需要，还有发展经济之需求。由于生产力所限，族人往往采取"聚族而住"解决生产要素之不足的方法发展经济。比如，大地主需要族众出卖廉价劳动力而发展；无地无产的贫苦族众，需要宗族中较富裕的族人提供帮助而生存、发展。现代社会生产力水平较高，绝大部分族人具备了完全独立的生产生活能力，靠"聚族而住"依附族人发展经济的时代已成历史。然而，伴随着续修族谱等宗亲联谊活动，一种"亲情互助经济"现象悄然而生，族人之间依靠亲情互信、互通有无和无私奉献，这种在亲情之间"天然"的理念，在经济、贸易领域创造了一个又一个奇迹，有力推动了社会经济的发展。

（十）优生优育价值。谱牒学家认为，周朝之前谱牒的主要功能是优生，族人依据族谱信息信守族内不予婚配，避免近亲婚配给后代遗传不良性状，确保优生，提高族人素质。周朝谱牒诞生之后，很少有谱牒学家提及谱牒对宗族优生所起到的作用。事实上，即使现代社会的新修族谱，仍然具有优生优育之价值。由于社会政治经济的发展变革，现代氏族生活居住的流动性很大,很多族人在城市、外乡,甚至海外谋生定居,族人之间"三代不识"现象已有发生,"五代不识"现象并不少见;如果没有编修族谱,男女青年只要有未婚证据和身份证,就可登记结婚,给近亲婚配提供了可能和条件。另外,《现代族谱》"遗传基因"栏目记录了族人优良和劣质基因性状,为族人"避劣扬优",提高后代素质,提供了可靠依据。

（十一）寻根谒祖价值。离开祖居地远在外乡、城市或漂泊海外的族人,因年代久远,回祖居地寻根谒祖的唯一凭证和依据是族谱。族人寻根谒祖至少可从族谱中查阅六个方面的参照信息:一是始祖、支祖的名讳;二是氏族的辈分字;三是某位先人的名讳;四是氏族变迁经过;五是本族支系特殊遗传性状;六是祖居、祖坟、祠堂等遗存。依据此六个方面的信息,可顺利找到自己先人的居住地、亲人及墓葬地即自己根之所在。四海漂泊梦,天涯游子心。海外游子寻根谒祖之梦,今天借助族谱变成现实。近年来,游离祖地的族人,尤其海外游子访故里、访故旧、访祖国的"寻根热"已成为时代潮流。比如,1988年4月,菲律宾前总统科拉松·阿基诺夫人到中国访问,第一件事就是到福建漳州鸿渐村访亲谒祖,到许氏宗祠进香,并称"我是鸿渐村的女儿"。此事轰动中外,《鸿渐许氏十八世许渊家谱》在确定阿基诺夫人的血亲关系上,发挥了重要作用。

（十二）服务家族价值。古谱服务宗族的价值是谱牒价值之主流,突出表现在"收族"即立宗法控制族人,促进宗族发展壮大,宗族对外权益保护,凝聚宗族人心等方面。现代社会族人发展经济、维护权益似乎无须依赖家族,所以现代人新修族谱,服务宗族的价值主要体现在对族人实施社会主义道德教育、宗亲亲和、和谐稳定、祖承传继优良品德、"避劣扬优"提高族人素养等方面。

（十三）服务政府价值。中华谱牒在宋代之前的封建社会,其服务政府价值处于主导地位,主要为朝廷选官和统治愚弄族众、稳定社会秩序服务;宋代之后的历代封建王朝,谱牒服务政府之价值主要靠封建伦理教化、统治愚弄族众、稳定社会秩序来实现;现代新修族谱的服务政府价值,集中体现在家庭和睦、宗族亲和、民族团结、社会和谐、国族强盛、祖国统一等方面。

四、意义

所谓意义，即新修谱牒之现实意义。现代人开展谱学研究，修编、珍藏、使用"新族谱"具有十二个方面的现实意义或十二个方面的"有利于"：一是有利于继承祖国优秀文化遗产；二是有利于传承中华文化；三是有利于丰富中华历史；四是有利于多学科学术研究；五是有利于海外炎黄子孙寻根、认同以至渴望祖国统一；六是有利于宗亲亲和、民族团结、社会和谐；七是有利于发扬优良基因，力避劣质基因，增强公民体质；八是有利于加强家庭美德、职业道德、社会公德、族人品德教育，提高公民素养；九是有利于孝敬父母、夫妻恩爱、兄弟姊妹和睦，构建幸福家庭；十是有利于促成"亲情互助经济"现象形成，繁荣社会主义经济；十一是有利于优化出生，力避近亲婚配，提高族人后代素质；十二是有利于了解祖先亲人情况，弄清我是谁，我从哪里来，把自己的人生信息留给后人。

五、思想

新修谱牒学思想：用唯物主义历史观，继承几千年传统谱牒学之精华，确立新修谱牒"三个最大限度"和"四项基本原则"，弘扬中华民族"孝与感恩"传统文化，突出现代社会"民主、科学、和谐、发展"之主旋律，实现新修谱牒的功能、价值和现实意义。

六、方法

现代新修族谱有三种基本方法，可供宗族和族人视自己的需求而选定：
（一）族修，一次刊印，三代续修，族内决策，开放操作。此法适用于编修通族谱、统族谱、联谱。

（二）族修、家修结合，使用《现代族谱》的《□族谱》和《百年家谱》即时持续长久记录，族内和族人共同决策，开放操作。此法适用于农村一般宗族和较小宗族编修《□族谱》及部分五至六代家人编修《百年家谱》。

（三）家修，使用《现代族谱》的《百年家谱》即时持续长久记录，自主决策，开放操作。此法适用于城市族人编修《百年家谱》和农村部分五至六代家人编修《百年家谱》。

七、体例

由传统谱牒向新修谱牒过渡，其体例有两种：

其一，一次刊印，三代续修，谱法不一，丰富优化内容栏目，大宗小宗共存，不同血缘共存。即仍然沿用传统谱牒"一次刊印、三代续修"方法；新修谱牒内容栏目不要求完全一致，但必须确保增设大量生理遗传、学科研究和社会活动内容栏目；"世系图"必须按照大宗小宗共存设计，确保男女族人、不同血缘族人同等录入，血缘脉络清晰。

其二，即时持续长久记录，谱法划一，丰富优化内容栏目，大宗小宗共存、不同血缘共存。即使用《现代族谱》——所有宗族均可共用的专用谱册修谱。《现代族谱》为"固定栏目，即时持续长久续填续记"的"固续式"族谱，共设计《使用说明》《□族谱》《百年家谱》和《附册》四册。四册作用各不相同：《使用说明》是理论概念、情况说明、使用方法的文字介绍，修谱前必读，可确保正确记录《□族谱》和《百年家谱》；《□族谱》，是大宗族大而全的记录；《百年家谱》是以任意族人为谱祖，五至六代男女所有家人及其配偶的详而精的记录；《附册》是"固续式"谱牒必备的设置，可记录《□族谱》和《百年家谱》所不能容纳的内容。

《现代族谱》改"五世图式＋世系小传"欧苏小宗体例为"全世图示＋五代详录"大宗、小宗共存体例。全世图示，就是将宗族成员以夫妇为单位，把夫妇的辈分、排行、婚姻次数、姓名、生时、故时、籍贯、葬地、父母排行、父母辈分、父母婚姻次数、生育情况等十三个"重要人生信息"用"图示"表示，并按照"长子左位"（长子左位法："上先代，下后代，世代老大居左位，兄'姐'左弟'妹'右顺序排，同辈同列位不够，下列左位始序排"）排序方法或"长子中位"（长子中位法："上先代，下后代，世代老大居中位，兄'姐'左弟'妹'右两边排，同辈同列位不够，下列中位始续排"）排序方法，从始祖（或支祖）开始连续不断排列图示，在族谱中设置"世系图"。五代详录，就是将家族某连续五至六代家族成员百人、百年的三十多个"详细人生信息"，无论男女，以夫妇为单位记录"人生信息记录册"，并确保三百位以上亲戚"简要人生信息"的记录和二十位以上家族成员"生平传记"的记录。

《现代族谱》可实现真正意义上的男女平等录入。因"血缘传承标示"的使用，可明确标示出十五种"血缘关系"。"血缘传承标示"与"序号""图示"有机结合，可使"世系图"中复杂的各类"血缘关系"条理清晰，从而使女性族人录入族谱并向后世传承记录成为可能；甚至《百年家谱》可确立女性族人为"谱祖"，向后代记录五至六代、一百多人、一百多年，它将成为城市人理想的"家庭史书""血亲档案""传家之宝"。

《现代族谱》可实现"重修族谱"时间由原来的三十年一次、六十年一次，变为二百年一次、三百年一次，并可大幅度降低"重修族谱"的难度，大量节省修谱的人力、物力、财力和时间，大幅度提高修谱的科学性、准确率和综合价值，甚至可实现由"重修族谱"变为持续不断"续修族谱"的千年梦想。

八、内容

新修谱牒内容之新，突出体现在"质"和"量"上。所谓"质"，指的是在传统内容栏目的基础上，舍弃那些封建迷信、粗俗愚昧、攀附假托的内容，增设生理遗传、学科研究和社会活动内容和栏目；所谓"量"，指的是内容栏目品类和数量能够最大限度容纳宗族和族人人生信息。《现代族谱》设置大量、统一的内容栏目，根据现代人修谱的特点和需要，按照"三个最大限度"的要求，在谱牒内容最丰富的清末、民国时期32项内容栏目的基础上，保留27项传统谱牒精华栏目，大量增设社会活动内容和科学研究内容，共设计宗族公共群体信息41个栏目，家族成员夫妇个体人生信息53个栏目，总内容栏目达94项。家族公共群体人生信息栏目为：谱名、目录、中华祖根照、序、题词、谱序、姓氏由来、氏族变迁、修谱背景、修谱原则、祠堂、郡望、堂号、文物、族产（或家产）、契约、祖坟、辈字诗、族规（家训）、世系图、世系传、人生信息记录册、祖居图、同堂肖像、□坟茔方位图、亲戚录、恩人录、家族大事记、警示录、百年家谱谱祖录、风俗礼仪、衣、食、住、行、社会环境、政治环境、居住环境、自然环境、谱册编号、附册等。《现代族谱》宗族成员夫妇个体人生信息栏目为：姓名、辈分（或世代）、排行、婚姻次数、父母辈分（或世代）、父母排行、父母婚姻次数、世系传、生平传记、生时、出生地、属相、八字、故时、故因、骨存处（葬地）、籍贯、生活地、文化程度（学历）、婚姻状况、收入、物价、职业水平、身高、体重、血型、民族、信仰、智商、情商、遗传及先天性疾病、优良特性、生育情况、其他优质基因特征、其他劣质基因特征、一生大事、始祖、支祖、谱祖、始祖（或支祖、谱祖）肖像、藏谱人、耀祖榜（个人部分）、警示录（个人部分）、恩人录（个人部分）、长寿要诀、碑文志铭、文、创、技、艺、记录人、画师等。统一的内容栏目设置，可大量录入宗族和族人人生信息，大幅度提高人生信息同比效应，几倍、几十倍、上百倍提高族谱的综合价值。

即使采取"一次刊印、三代续修，谱法不一、丰富优化内容栏目，大宗小宗共存、不同血缘共存"体例编修新谱，也可仿照《现代族谱》内容栏目，以显示其内容"同比效应"。

九、编修

新修族谱的编修，主要是使用《现代族谱》修谱和采取传统修谱方法修谱两种形式；着重《现代族谱》"编修程序""录入编辑""设计要求"，使用《百年家谱》修谱，采取传统修谱方法修谱的"编修程序"与"基本要求"等。

（一）使用《现代族谱》的编修程序

1. 宣传教育族众明确新修谱牒的功能、价值和现实意义

近十几年来，在海内外中华姓氏当中自发形成了修谱热、寻根谒祖热，其修谱数量之大、体例之完善、内容之丰富，均居谱牒发展历史之最。然而，用现代社会、现代宗族、现代族人对新修谱牒的要求来衡量，明显存在着族人认识不到位、城乡发展不平衡、修谱方法较陈旧三大问题。不少族人认为：现代社会宗族族人主体意识、宗法约束力和生产力水平均发生了质的变化，封建伦理思想逐渐被科学、民主、自由观念代替，宗法已全部被国法代替，生产力水平有了很大提高，族人无须依赖宗族群体而获得温饱与安全；因此，修不修族谱无所谓。城市人认为：修谱是农村人的事，城市人修不修族谱无所谓。大部分宗族修谱，认为老祖宗遗留下来的方法不能变，只是内容较旧谱稍丰富，体例和修谱方法仍然沿用旧谱。此三大问题，归根结底是个认识问题；认识问题不解决，直接影响新修族谱的普及和价值。

封建社会宗族修谱，其目的是推行封建伦理道德之"三纲五常"和"三从四德"，以约束族众，限制妇女；少数族人打着宗亲、血亲的旗号，披着"五服之亲，九族之情"的外衣，压迫剥削贫苦族众，最终达到稳定封建社会秩序的目的。现代人为什么就不能利用编修新谱、宗亲联谊这种民俗活动，传承中华文化、促进宗族亲和、进行科学研究、发展亲情经济、增进民族团结、实现祖国统一呢？老祖宗遗留的修谱方法，已明显限制了现代人人生信息的录入和使用，为什么就不能改一改，使之更完善、更科学呢？城市人完全可

以使用《百年家谱》，编修自家的"家庭史书""血亲档案""传家之宝"！

在编修新谱之前，一定要利用多种形式广泛宣传教育族众，真正弄清楚新修族谱的功能、价值和现实意义，切实解决为什么要编修族谱的问题。

新修族谱的功能、价值和现实意义，如前篇所述，为"文化传承功能、科学研究功能、宗亲亲和功能、和谐发展功能"构成的"大文化功能"，十三个方面的价值、作用和十二个方面的现实意义。在向族人宣传教育时，只需通俗地讲清楚族人"需要"新修族谱而已。比如，尊祖敬宗需要、尊老爱幼需要、家庭和睦需要、家族团结需要、美德教育需要、避劣扬优需要、提高素养需要、优生优育需要、文化传承需要、丰富历史需要、科学研究需要、寻根谒祖需要、留信后人需要、传宝后人需要、亲情经济需要、民族团结需要、和谐社会需要、祖国统一需要。如果在每一项"需要"之后，能够列举一些令人信服的实例更好。总之，要通过发生在身边的实例，耐心宣传教育，使新修族谱成为族人的自觉行动。

2. 确立新修谱牒的"三个最大限度"和"四项基本原则"

三个最大限度：

（1）最大限度继承传统谱牒文化之精华。

（2）最大限度增加科学研究之内容。

（3）最大限度体现现代人之观点和理念。

四项基本原则，即清代方志学家、谱牒学家章学诚的谱法原则，很适于现代修谱：

（1）谱法划一。统一体例和内容栏目是谱法划一的主要环节。是"谱法划一"还是"各自为政"，所修谱牒之价值会有几倍、几十倍的差距，其他暂且不说，只科学研究之价值，"各自为政"会大打折扣，这正是统计学上同比价值之所在。

（2）公言不讳。就是要用实事求是的、历史唯物主义的观点修谱。"实录"是对现代人修谱的基本要求，要彻底改变古谱"记功不记过""记荣不记辱""记优不记劣""记大不记微""记粗不记细""记奇不记平""记尊不记卑""记男不记女"的"八记八不记"的弊端，切实做到"实录"和"详录"，真正把族谱修成"家庭史书"。

（3）所亲不尊。就是要彻底否定欧苏体例"近亲远疏""服穷亲尽"的谱学思想。如仔细琢磨，所谓宗族修谱"近亲远疏""服穷亲尽"不仅"幼稚可笑"，而且是一种"辱族不孝"行为。然而，千百年来这种"幼稚可笑""辱族不孝"的行为却很受大多族人推崇。究其原因，一是封建谱学思想根深蒂固，二是修谱机制僵化禁锢，不能"民主化""社会化"。新修族谱要深挖"症结"，真正解决"近亲远疏""服穷亲尽"的问题。

（4）简繁允当。在修谱记录人物、事迹时，"有用就记，无用不录"，弄清楚的可详记，不太清楚的不要硬撑篇幅，东拉西配。"繁简攸当"看似简单，实则较难，难就难在把握"哪些该记哪些不该记"上。上述"公言不讳"只是一方面。要认真把握每个栏目对内容的记录要求，当简则简，当繁则繁。

3.组建修谱组织

古人称宗族组建的修谱组织为"谱局"，《现代族谱》的修谱组织为"修谱委员会"。修谱组织叫什么名字并不重要，关键是这个组织必须决策有力，分工明确，修谱各主要工作环节处置到位。

宗族修谱是一个耗费大量人力、物力、财力和时间的事。首先必须确保足够的人员参与，同时要物色一些威望较高、善于协调、胜任业务、积极肯干的族人，组成一个强有力的组织协调、综合指导和执行操作的修谱组织机构。较大宗族，一般分别设立三层组织机构：

一是上层，设"修谱委员会""委员会办公室""技术部""编辑部"；

二是中层，设"修谱委员会分会""分会办公室""编辑室""信息收集室"；

三是基层，设"若干信息征集小组"，由若干信息征集员（兼藏谱人）组成。

较小宗族，上层、中层合二为一，组建两层修谱组织机构即可。

4.明确修谱组织的职责和工作范围要具体

"修谱委员会":设名誉主任、主任各1人,副主任若干人,委员若干人(每支族1人以上),负责宗族整体谱牒修编的技术把关、协调支族、征集编辑、后勤保障、联谊活动等重大事宜的决策、协调和督导。"委员会办公室":内设财务科、秘书科、联络科等,负责委员会决策前后的情况调查、落实督导和各有关部门与支族之间的协调及后勤服务、财物管理等。"技术部":实为专家组,根据编修业务设若干科室,负责谱牒体例、内容栏目的确定;对宗族变迁、姓氏由来、始祖确定、旧谱解读等有关信息进行技术论证与考辨;对修谱凡例、前谱谱序等主要群体信息进行审定;对谱牒封面、版式、图片等的设计及各支族委员会分会进行业务指导等。"编辑部":设信息科、编辑科、抄录(或刊印)科,负责宗族"群体信息"和"重点个体信息"的收集,撰稿编辑、校对、抄录等。

"修谱委员会分会":是各"支族"修谱决策、协调、管理、执行机构,在"修谱委员会"的总调度下开展工作,其负责人(支会主任)为"修谱委员会委员",其职能与委员会同。"分会办公室":内设财务室、秘书室、联络室等,是分会的执行机构,负责协调、服务、督导及后勤保障等工作。"信息征集室":可根据家族"群体信息""个体信息"等不同性质的信息,分设几个"信息征集组",主要负责各"信息征集小组"所上报信息的分类、整理,对各"信息征集员"进行业务指导和协调管理。"信息编辑室":内设编辑组、校对组、抄录组(或刊印组)等,主要负责本支族谱的编辑、校对、抄录、刊印等项工作。

"信息征集小组":一般由3至5个"信息征集员"(兼藏谱人)组成,是谱牒编修组织机构的最基层,也是最关键、最重要的人员;要求每房有一人,每个"家族"(指五代近亲)有3人以上。一是具体负责各门、房、户、人群体与个体人生信息的收集、上报;二是负责每年一次的群体、个体、亲戚人生信息的收集上报,基层支族谱与《百年家谱》的珍藏与信息交流;三是负责及时把编修委员会或分会的要求传达并落实到户、人。"信息征集员"

兼"藏谱人"是谱牒编修、珍藏和使用最关键的宗族成员。其人数一般控制在每房1人，每家（五至六代）3至5人，每门10人以上。

5. 通告开局

三层修谱组织机构基本建立后，可发出通告，择日"开局"。"开局"一般有三种形式：

（1）委员会向各支族，各支族向各支、门、房发出文字通告或通信联络，让族人知晓；

（2）召开委员会成员和各支族负责人及有关人员参加的"开局动员会"，安排布置有关事宜；

（3）用现代联络、宣传手段，通告原来从未联系过的或"脱离本族"的支族、宗亲相认，参与新谱编修。

6. 筹措经费，节约支出

修谱经费是确保修谱成功的物质基础，只有经费基本到位才能正常开展工作。经费收入要多渠道，族人兑摊要自愿，经费支出要节约，资金管理要民主。

（1）经费筹措渠道。修谱经费筹措一般有五种形式：①宗族集体共有的收入；②入谱族户分摊（一般按入谱人数多少兑摊）；③族人捐助，多为族中从政、从商家庭富裕者捐助；④超额领取谱牒的族人交款，一般为欲超额领取族谱的族人自愿缴纳费用；⑤欲多录入自己（或亲人）人生信息的族人交款，一般为另外要求将自己或家人一些额外信息记入族谱的族人自愿缴纳费用。大部分宗族修谱，同时采用多种形式。

（2）经费支出预算。古人修族谱是浩大工程，每三十年至六十年续修一次，每次均需投入大量人力、物力、财力和时间。小宗族、中等宗族、大宗族修谱一般历时两三年、五六年、十余年，耗资几十万、几百万、几千万（相当于现值）。使用《现代族谱》修谱，可大幅度缩短时间。《百年家谱》编修需一个月左右，小宗族编修一般历时半年至一年，中等宗族编修需一至二年，较大宗族编修需二至三年，可大幅度降低支出，小宗族一般费用几万元，中等宗族费用十几万元，较大宗族费用几十万元，编修《百年家谱》费用五百至一千元。更主要的是，《现代族谱》是"固续式"的谱牒，一次修谱，百年、几百年之内只需按要求即时记录，几乎不需要费用。

(3) 使用《现代族谱》修谱主要有以下支出项目：①办公费用。包括会议费、招待费、通信费、文具费、交通费、生活补助费等。②人生信息征集费用。包括生活补助费、文具费、交通费、通信费等。③外调费用。包括差旅费、交通费、招待费、生活补助费等。④谱册购置费用。一般一千对夫妇记录一本《现代族谱》，《百年家谱》的册数根据需要确定。⑤抄录费用。包括文具费、工本费、生活补助费等。

7. 进入工作状态，全方位开展工作

在建立修谱组织、筹措修谱经费、宣布"开局"、深入宣传族众的同时，要及时进入工作状态，全方位开展工作。主要有以下几个环节：

(1) 选好各修谱组织办公地点，研究制订工作计划，及时召开各类会议，对参与族人合理分工；及时通告全族修谱组织的办公地点、工作计划、人员分工。

(2) 确定修谱基本方法，研究制定"修谱原则"、修谱各环节"工作要求"和"纪律"，并及时通告全族。

(3) 确立始祖、支祖和谱祖，并整理其有关材料。

(4) 分析、研究旧谱信息，以实事求是的态度取舍定稿；弄清姓氏由来和各支族变迁；研究审核有关宗族群体信息等。

(5) 印发"□□公后裔群体人生信息统计策划表""□□公后裔个体人生信息统计表一""□□公后裔个体人生信息统计表二""□□公后裔亲戚人生信息统计表"等四张表（四张人生信息统计表表样附后），及时收回四张表。

(6) 各"信息征集员"深入族户，帮助族人理解四张人生信息统计表各栏目的操作方法，结合族户确定每位族人的"序号"，对照四张表栏目认真研究、调查、收集、汇编上报。

（7）召开不同层次的座谈会，深入调查，认真收集"群体信息"，并经"支族编辑室"、委员会"技术部"专家研究确定"群体信息"文稿。

（8）收集整理所有信息，组织人员对重点信息调查核实，拾遗补缺。

（9）录入编辑。

（二）使用《现代族谱》修谱的录入编辑

使用"固续式"的《现代族谱》新体例修谱，其录入编辑要把握好"三层录入，分层负责，统筹管理"。

1.三层录入。"三层录入"就是分上层、中层、基层三层录入。上层形成《族谱》，中层形成《支族谱》，基层形成《百年家谱》；《通族谱》《统族谱》和《联族谱》均在录入《族谱》的基础上汇总、编辑而成。

（1）录入内容

其一，上层录入内容：①《族谱》全氏族世系；②全氏族族人重要人生信息；③全氏族群体人生信息；④始祖、各支祖、各谱祖、各藏谱人及氏族重点人物详细人生信息。

其二，中层录入内容：①《支族谱》支族世系；②本支族重要人生信息；③始祖至支祖单支世系及重要人生信息；④支族群体人生信息；⑤始祖、支祖、支族内谱祖、支族内各藏谱人及支族重点人物详细人生信息。

其三，基层录入内容：①五至六代世系；②宗族重要人生信息；③宗族详细人生信息；④宗族群体人生信息；⑤宗族亲戚简要人生信息；⑥在宗族或支族中始祖（或支祖）至本宗族谱祖单支世系及重要人生信息。

（2）录入方法

其一，三层录入顺序：先录入基层，再录入中层，后录入上层；有些宗族没有上层或上层、中层合二为一，则先录入基层再录入中层即可。

其二，为长久珍藏和方便使用，可采取"正本""副本"同时录入的方法：

①特制宣纸文本（正本）、特制蒙肯纸文本（副本）同时录入；

②特制宣纸文本（正本）、电子网络文本（副本）同时录入；

③特大宗族的《族谱》或《支族谱》及一些《通族谱》《统族谱》《联

族谱》，为方便使用，也可在手抄录入的基础上，于必要的世代、历史时段统一汇总、编辑，大量刊印一般胶版纸文本的族谱。

2. 分层负责。"分层负责"就是三层修谱组织及藏谱人要各司其职，各负其责；及时交流，互补信息；有分有合，形成一体。

（1）三层修谱组织均明确固定"藏谱人"，三层"藏谱人"明确职责，分别保管好自己录入的谱牒；

（2）三层"藏谱人"每年一次交流互补、互通信息、及时记录，确保续修族谱由原来的三十年、六十年一次，延长至二百年、三百年一次，并且在这二百年、三百年当中记录丰富的宗族群体、个体人生信息；

（3）三层"藏谱人"除每年一次的交流互补外，也可不定时地在电子网络文本上互通信息，及时补充特制宣纸文本。

3. 统筹管理。所谓"统筹管理"，就是要建立"三层族谱修编、珍藏、使用制度"和"三层'藏谱人'人生信息定时不定时交流制度"，达到"统而不死，分而不乱，信息共享，详细面广"的效果。建立《现代族谱》修谱制度后，在数百年的过程中，一般情况下，先编修《百年家谱》，后续修《□族谱》；如人口增多，人生信息量大，谱册记录页面不足，可采取增加《□族谱》《百年家谱》册数和使用《附册》的方法解决。

（三）使用《现代族谱》的《百年家谱》修谱

《百年家谱》是《现代族谱》强健"肌体"的"细胞"，只有这个"细胞"的强健，才能实现"肌体"的真正强健。所以，认真修好《百年家谱》是现阶段新修谱牒的关键所在。实际上，无论我们所在的家族是否建立了修谱组织，无论我们的家族原来有无旧谱，无论我们在什么地方工作、生活，无论我们是男性族人还是女性族人，都应该首先修好自己的《百年家谱》，这不仅"必要"，而且非常"紧迫"。

1. 适用《百年家谱》的范围。准确说，百家姓各姓氏族人都适用《百年家谱》修谱；然而，现阶段似乎有八类家族成员更应首先编修好自己的《百年家谱》：

（1）侨居他乡，尤其是海外的家族成员；

（2）多年在城市工作、生活的家族成员；

（3）男到女家落户的族人；

（4）纯女户家庭，女性族人可确立为谱祖；

（5）要求入谱传承记录的女性族人，可首先修好自己家或以自己为谱祖的《百年家谱》；

（6）要求大量记录自己或自己亲人人生信息于族谱的族人；

（7）各类情况的"非血缘传承人"，除随家族录入族谱外，可以自己为谱祖修编《百年家谱》；

（8）尚未组织修编《□族谱》的家族，族人可先行编修《百年家谱》。

2. 使用《百年家谱》修谱的基本方法。使用《百年家谱》修谱的基本方法有十步：

第一步：组建修谱组织。使用《百年家谱》修谱，因族人较少，组织简单、操作简便，一般情况下组建3人左右的组织机构即可；开始编修时多为1人操作，但随着族人增多，参与组织协调的族人可增加到5人左右。

第二步：确定"第一任'藏谱人'"。"第一任'藏谱人'"是编修《百年家谱》一百年左右、本家族五至六代族人中最重要的族人。他（她）担负着三大重任：第一，确定"谱祖"；第二，统计、编辑、记录《百年家谱》谱册；第三，妥善保存、续记、传承《百年家谱》。"第一任'藏谱人'"人选有三个必备条件：其一，爱亲人、爱家庭、守孝道、尊祖敬宗，愿意为子孙缔造这"传家之宝"；其二，具备初中、高中以上文化程度，有一定文字组织能力；其三，身体健康，有一定协调、组织能力。

第三步：确定"谱祖"。"谱祖"是《百年家谱》一百年左右、本家族五至六代、一百位左右族人中的第一对夫妇，他们承接着本家族上下、左右的传承关系。"谱祖"一般由"第一任'藏谱人'"和族人共同商议确定。确定"谱祖"的原则为四个"均可"：去世的先人和在世的族人均可；男性族人、女性族人均可；不同年龄之族人均可；与原家族姓氏相同与否均可。

第四步：收集历史资料。收集、分析、辨正原来本家族的族谱等资料；调查、核实家族中老人口述及其他情况；有的家族历史资料很少，有多少算多少，不可追远求多。

第五步：收集现实资料。发放并及时收回《□□公后裔个体人生信息统计表（一）》《□□公后裔个体人生信息统计表（二）》《□□公后裔亲戚人生信息统计表》三张表。三张表的"栏目内容"依照《百年家谱》"栏目内容"而定，非常便于理解；但是，还要选择家族中有一定文字组织能力、积极热心的族人，事先统一培训后，分头登记填写；登记填写过程中及时沟通、指导。

第六步：综合分析资料，草拟"栏目内容"。历史资料和现实资料收集完成后，其一，"藏谱人"要召集修谱组织成员，认真分析资料，研究确定"群体信息"，对有些涉及学科研究和人体生理遗传及自然、经济数据的"内容栏目"，要认真调查、核实、测算等；其二，"藏谱人"召集修谱组织成员研究制定"修谱原则"；其三，起草每个族人的"世系传""生平传记"等文字材料。

第七步：副本录入。采用一般记录用纸，仿照《百年家谱》的"内容栏目"，书写记录已经草拟的"栏目内容"材料；审查无误后，记录《百年家谱》副本。

第八步：正本录入。再次审查已经记录的《百年家谱》副本；请族人中书法优秀者使用软笔、水笔、碳素墨汁誊写记录《百年家谱》正本，或聘请名人、友人代为誊写记录《百年家谱》正本。

第九步：珍藏与使用。《百年家谱》正本用于珍藏，放置于木质谱盒，非续记不得翻阅，翻阅切记佩戴超薄手套；《百年家谱》副本用于文化交流、宗亲联谊活动等。

第十步：续记与传承。"藏谱人"可在族人人生信息发生变化时，按照《百年家谱》记录要求随时记录，也可每年清明节统计记录一次，记录方法同第七步、第八步。

《百年家谱》是家族"传家之宝"，每套《百年家谱》一般情况下可记录一百年左右，记录族人五至六代、一百人左右，可能会有三至五个"藏谱人"，务必做好交接传承。

（四）使用《现代族谱》修谱的设计要求

使用新体例《现代族谱》编修族谱，需要在谱册设计、编修操作过程中全方位地创新规范。

1. 使用"序号""血缘传承标示""图示"和"人生信息记录册"

（1）序号。序号，是世系图内能够代表宗族成员身份的排序编号。"序号"的概念在历代谱牒著作中没有出现，近十年来一些新体例谱牒中有人使用，但内涵完全不同，只是族人编号而已。

"序号"由三部分人生信息构成：世代数（中文）、排行数（男性族人为阿拉伯数字，女性族人为带圆圈的阿拉伯数字）、婚姻次数（带括号的阿拉伯数字）。

"序号"的具体应用有三种形式：①宗族成员男女混记法。凡同世代族人，无论男女，均按出生时间先后确定"排行数"。②宗族成员男女分记法。同世代族人，按出生时间先后，男女分别确定"排行数"。如：某男在男性族人中排第八位，某女在女性族人中排第十位，其排行数可记为男8、女⑩来表示。③在庞大宗族、"支祖"众多的情况下，为便于区别，可在族人基本"序号"之前加上"支祖"的编号或名讳或支祖居住地名。

"序号"的诞生与使用，为"世系图"记录族人实现"无线连接""即时、持续、长久记录"提供了可能，是修谱的历史性突破。

（2）血缘传承标示。"血缘传承标示"是世系图中区别血缘传承人和各类非血缘传承人等各类传承关系的标志符号——方框（□）、对号（✓）、圆圈（○）的组合。□、✓、○有机组合可标示出十五种血缘传承形式（或十五种血缘传承标示）。如《血缘传承标示说明表》（附表一）。

几千年来，所有族谱均确定为以宗族男性为主线的"世系"序列，女性族人作为媳妇"嫁"到另外的宗族或在本宗族均处于附属地位。即使号称所谓"现代家谱"也不能彻底摆脱这种对女性"传承作用"的"禁锢"，充其量把男性的下代女儿、孙女、外孙女等在"家谱"中显示出来；而"血缘传承标示"的使用，使《现代族谱》不仅在《□族谱》或《支族谱》部分可充分显示所有家族男性成员和要求入谱的女性成员的女儿、孙女、外孙女等，而且在《百年家谱》部分，无论男、女族人同等记录，甚至《百年家谱》《谱祖》可以是家族女性族人。

几千年来，所有谱牒均把收养、过继、干儿女等"非血缘传承"族人的入谱问题作为特殊情况，要么不准入谱，要么可记入"族谱"，但不准向后代传承记录，要么回避这个问题，没有明确的说法；而"血缘传承标示"的使用，使《现代族谱》可明确区分"血缘传承人""非血缘传承人"等各种传承关系，即使在最庞大的家族中也可确保血缘传承脉络清晰。

"血缘传承标示"在"世系图"中的应用不仅可轻易实现在成分复杂的家族群体中血缘传承脉络清晰，为打破几千年来"族谱只记录本家族男性传承人"的封建陋习创设了理论依据，提供了必要条件，打下了坚实基础，使族谱记录"科学化、民主化、社会化"真正成为现实；同时，"血缘传承标示"与"序号"的科学配合，可真正实现"世系图"即时、持续、长久记录，血缘传承"世系""无线连接"，"重修族谱"将被持续不断补充填写的"续修族谱"替代。

（3）图示。《现代族谱》首次在"世系图"中使用由十三个重要人生信息有机结合的"图示"。这个"图示"承载族人于"世系图"中，可清晰显示夫妇世代数、夫妇排行数、夫妇婚姻次数、父母世代数、父母排行数、父母婚姻次数、血缘传承关系、姓名、籍贯、出生时间、去世时间、埋葬位置和生育情况等十三个重要人生信息。以这十三个重要人生信息有机结合为单位，按照"长子中位法"或"长子左位法"有序排列，可确保几百人、几千人甚至更多的家族成员在"世系图"中，即时、持续、长久记录，排列井然有序，传承世系脉络清晰、"无线连接"。

（4）人生信息记录册。《现代族谱》首次使用"人生信息记录册"。"人生信息记录册"由主页和附录两部分组成，可清晰显示族人夫妇每人三十多个个体详细人生信息。详细人生信息中既有传统民俗信息，也有职业信息和社会活动信息，更有现代人体生理信息和基因遗传信息。记录人生信息数量之多，涉及门类之全，科学程度之高，在当今各类现代家谱中是空前的。

2. 要求设计"吉祥、科学、全面、详细、实用"

《现代族谱》围绕"吉祥、科学、全面、详细、实用"的总目标，按照打造一流文化精品的要求，从十六个方面进行全方位优化处置。其中吉祥、民俗等五个方面；科学、全面、提高综合价值等八个方面；详细、实用等三个方面。

吉祥、民俗等五个方面：

（1）富贵黄色主色调之设置。《现代族谱》的记录纸张页面设置为富贵黄色，象征富贵吉祥。

（2）泰山、黄河、朝阳封面图案之设置。《现代族谱》主封面图案由泰山、黄河、朝阳构成，泰山喻父，根基深厚；黄河喻母，胸怀宽广；朝阳喻子，蒸蒸日上。

（3）记录纸张"和谐龙凤"图案暗纹之设置。《□族谱》和《百年家谱》记录页面，均设置"和谐龙凤图案"暗纹，寓意龙的传人，龙凤呈祥。

（4）炎黄祖根照之设置。在《□族谱》和《百年家谱》首页设置炎黄祖根照，彰显我族尊祖敬宗之意。

（5）"□坟茔方位图"专页之设置。坟茔乃祖先安卧之所，认真绘图，实敬宗尊祖之必需。

科学、全面、提高综合价值等八个方面：

（6）特制宣纸印刷。宣纸印刷是对"固续式"族谱的基本要求；一般纸张寿命五十年左右，最长不过百年，宣纸寿命可达五百至一千年，优质特制宣纸寿命可达千年以上。

（7）中国书法家协会主席张海先生题写谱名"现代族谱""族谱""百年家谱"。张海先生题写谱名，将大幅度提升本族谱文化品位。

（8）名人、名家作序、题词专页之设置。名人、名家为族谱作序、题词，将是本族无上荣耀，对后人起很大激励作用。

（9）"记录人""画师"栏目之设置。记录"记录人""画师"名讳，可有效提高族谱内容的准确率和信息质量；若为名人、名家代录、绘画，将提高族谱的价值；若为族人亲自记录，手迹流传于世，也是非常荣幸的。

（10）"警示录"栏目之设置。历代谱牒从未有过此栏目，如实记录"警示录"，对后人的教育作用将远远大于"荣誉录"，是《现代族谱》实录性的体现。

（11）"恩人录"栏目之设置。旧谱不允许族外人生信息计入本族《族谱》，历代谱牒从未有过此栏目。把恩人帮助自己的有关情况记录在自家的《族谱》上，让后人牢记恩德，永世不忘，这是弘扬和传承中华民族"知恩图报""感恩戴德"传统美德的具体体现。

（12）大量有形资料栏目之设置。始祖、支祖、谱祖肖像绘画专页设置和"祖居图""□坟茔方位图""□同堂照""照片"栏目设置，构成始祖、支祖、谱祖肖像，家人合影、每位族人照片及祖居图、社区图、村庄图、"□坟茔方位图"等宗族和宗族成员有形资料的整体。在谱牒宣纸上绘始祖、支祖、谱祖肖像，珍藏寿命可达几百年、上千年，既显尊祖之意，又可长久保存。大量的肖像、照片有形资料是十分珍贵的。

（13）增设三十多个学科研究内容栏目。为提升《现代族谱》科学研究价值，特增设"遗传基因""智商""情商""收入""物价""先天遗传疾病""超常人优良特性""血型""身高""体重""民族""信仰""文化程度""职业水平""婚姻状况""政治环境""社会环境""居住环境""自然环境""文""创""技""艺""衣""食""住""行""长寿要诀""遗嘱"等三十多个对学科研究非常有用的栏目。这是《现代族谱》价值体现的主要环节。

详细、实用等三个方面：

（14）"绝对自主记录"和"无一族外字迹"之设置。《□族谱》和《百年家谱》谱名完全可按族人意愿自主题写；《□族谱》和《百年家谱》谱册之内，除内容栏目标题、目录文字和炎黄祖根照外，"无一族外字迹"，可确保"绝对自主记录"。

（15）"藏谱人""谱祖录""修谱委员会"及四张人生信息统计表之设置。这四个内容栏目的设置，是编修《现代族谱》的工具和保证措施，可确保快速信息收集，准确沟通记录，形成完整《□族谱》。

（16）《百年家谱》四项特殊要求之设置。《百年家谱》设计要求任何族人都可确立为谱祖向后世代传承记录五至六代、百人、百年，尤其女性族人；要求只要是传承人，无论男女，无论是否亲生，都要录入；要求除每人三十多项单体人生信息外，20%以上族人还要记录二千字以上的"生平传记"；要求记录三百位亲戚的简要人生信息。这是集中体现《现代族谱》"详细""全面""实用"的关键环节。

（五）采取传统修谱方法修编新族谱的修编程序

1. 宣传教育族众明确新修谱牒的功能、价值和现实意义。

2. 确立新修谱牒的"三个最大限度"和"四项基本原则"。

3. 组建修谱组织。一般宗族和较小宗族修谱组织以"修谱委员会＋信息征集员"为宜；较大宗族或合谱、联谱以"修谱委员会＋修谱委员会分会＋信息征集员"为宜。

4. 通告开局。

5. 筹措经费，节约支出。与使用《现代族谱》修谱比较，采取传统方法修谱需投入大量人力、物力、财力和时间，要根据实际需要做好预算，多渠道筹措修谱经费。

6. 进入工作状态，全方位开展工作。

（1）选好各修谱组织办公地点，研究制订工作计划，及时召开各类会议，对参与族人合理分工；及时通告全族修谱组织的办公地点、工作计划、人员分工。

（2）确定修谱基本方法，研究制定"修谱原则"、修谱各环节"工作要求"和"纪律"，并及时通告全族。

（3）确立始祖或支祖，并整理其有关材料。

（4）分析、研究旧谱信息，以实事求是的态度取舍定稿；弄清姓氏由来和各支族变迁；研究审核有关宗族群体信息等。

（5）依据《现代族谱》的内容栏目，结合本家族实际需求，研究制定"内容栏目"及"栏目内容"的策划方案和"世系图"大宗小宗共存体例方案，是采用传统方法编修新族谱确保质量的关键所在，"内容栏目"及"栏目内容"的确定决不能随心所欲；如果能把《现代族谱》"世系图"之体例要求引入传统修谱方法，将会起到很好效果。

（6）根据"内容栏目"及"栏目内容"的策划方案，设计"人生信息统计表"；发放"人生信息统计表"到每个族户、族人；"信息征集员"深入族户指导族人填写"人生信息统计表"并限期收回。

（7）召开不同层次的座谈会，深入调查，认真收集"群体信息"，并经"修谱委员会"组织有关部门人员研究确定"群体信息"文稿。

（8）收集整理所有信息，组织人员对重点信息调查核实，拾遗补缺。

（9）起草编辑"世系图"和各栏目内容，聘请名人、友人为本族谱作序或题词。

（10）交付印刷，按需要分发各支、门、房，并明确登记"藏谱人"。

（六）采取传统修谱方法编修新族谱的基本要求

采用传统方法编修新族谱，在对其体例、内容、编修、珍藏与使用等各环节的策划设计上，一定要引入现代人的理念及与之相配套的体例、方法。

1．"三代续修"时间太长，可掌握在三十年左右续修一次；

2．在编修大宗族族谱、通族谱、联族谱的同时，鼓励族人编修支族谱、五至六代的小家谱；

3．谱册纸张，尽量使用宣纸；

4．"内容栏目"及"栏目内容"最好能与《现代族谱》的"内容栏目"及"栏目内容"基本一致，以提高谱牒内容的同比效应；

5．采用《现代族谱》中"序号""血缘传承标示""婚姻次数"和"图示"之设置，实现"世系图"上下代族人关系"无线连接"；

6. 男女族人、不同血缘关系之族人同等录入；

7. 实事求是录入，力避"书善不书恶""攀附假托""乱认祖先"等流弊；

8. 广泛征求族人意见，尽量多给予族人人生信息录入决策权；

9. 突破传统谱牒"谱不示外人"之禁锢，除隐私之外，把新修族谱作为文化交流和科学研究的载体；

10. 建立每年一次"人生信息统计制度"和"藏谱人及时联络制度"，确保人生信息能够及时记录。

（七）三种特殊情况下的处理方法

因历史原因，目前族人修谱多在三种情况下出现困惑：一是只知"支祖"，不知"始祖"；二是"始祖"情况模糊不清；三是"世系图"当中断档。解决这些问题，要坚持"实事求是，资料为准，搁置异议，上略下详，一次规范"的原则，严格认真操作。

1. 只知"支祖"，不知"始祖"。先按《现代族谱》记录要求，以已知"支祖"开始，建立《支族谱》和若干《百年家谱》，并在"始祖""支祖"和"家族变迁"栏目记录实情，待"支祖"世代数和"始祖"情况查清后再补记完善。

2. "始祖"情况模糊不清。"始祖"情况模糊不清可能有三种原因：一是有传说但无确切文字记录；二是有本族简要文字记载，但与历史、方志、其他族谱等有关史料不一致；三是有本族简要文字记载，无其他任何文字佐证，有悖逻辑推理规律。在按照《现代族谱》记录要求修谱时，处理第一种原因造成的模糊不清，掌握"只认文字，不听传说"即可；处理第二种原因造成的模糊不清，掌握"历史、方志、其他族谱等有关史料为准"即可；处理第三种原因造成的模糊不清，掌握"搁置异议，调查史料，弄清即改"即可。处理以上三种原因造成的模糊不清，首先都要在"始祖""支祖"和"家族变迁"栏目记录实情，待情况查清后再补记完善。

3. "世系图"当中断档。处理"世系图"当中断档问题，首先按《现代族谱》

记录要求，记录已经掌握的信息；同时，在"家族变迁"栏目记录实情；然后多方调查，补记完善。

十、珍藏

现代新修族谱珍藏，应做到以下七点：

（一）真正提高对藏谱重要性的认识

谱牒并非封建社会的专用品，它来自上古，服务氏族，服务社会。正如前篇所述，它具有多方面的综合功能、十三个方面的价值、十二个方面的现实意义，或者说现阶段修谱具有十九个方面的需要。只有让族人真正认识到了这些功能、价值、意义和需要，藏谱活动才会成为自觉行动，藏谱的各项措施才能真正落到实处。

（二）宣纸记录装帧

旧谱多为三十年、六十年续修刊印一次，所用纸张为一般书籍用纸，寿命五十年左右，不少宗族续修族谱时旧谱破损严重，丢失信息。凡是"固续式"的族谱，纸张保存时间的长短是其价值的重要组成部分，保存时间越长越好。当今时代，各类纸张比较，特制宣纸最适宜记录族谱，视其质量不同，寿命应在五百年至一千年之间。《现代族谱》正是特制宣纸印制。即使采用传统方法编修新谱，其谱册也应选择宣纸印刷。

（三）妥善珍藏保管

要求一定要用"木质谱盒"存放族谱，加强防虫蛀、防潮湿等措施，珍藏于洁净、干燥、安全之处。倡导委托各级图书馆代为珍藏族谱。

（四）认真、准确记录，严防损伤谱纸

《现代族谱》记录翻阅次数比旧谱要多得多，因此，为减少纸张损伤，要求记录之前一定要打好草稿，做好页面记录计划，佩戴超薄手套，用优质碳素墨水、细笔认真记录，翻动次数越少越好，严防损伤谱纸。

（五）正本、副本同记，尽量少动正本

为既便于起草、修改、查阅，又不至于经常翻动损坏纸张，可采取"正本、副本同记"和"正本、网络同记"的方法。"正本"为"特制宣纸文本"，"副本"为"特制蒙肯纸文本"。所谓"正本、副本同记"，即同时记录"正本"和"副本"；"正本"用于珍藏，"副本"用于起草、修改和查阅。所谓"正本、网络同记"，即同时记录正本和网络文本；"正本"用于珍藏，"网络文本"用于修改和查阅。

（六）规范记录查阅，交流使用副本

记录"正本"必佩戴超薄手套，查阅"正本"必使用翻尺；查阅后，立即放回"木质谱盒"，落锁保存，放置干燥、安全之处。《现代族谱》的《□族谱》《支族谱》《百年家谱》三层谱牒之间纵向的及《支族谱》与《支族谱》《百年家谱》与《百年家谱》之间横向的人生信息交流与联络和必要的文化交流活动，必使用"副本"。

（七）认真登记"藏谱人"，建立人生信息交流制度

《□族谱》和《百年家谱》中均设置有"谱祖录"和"藏谱人"栏目，要认真登记记录，建立"藏谱人"之间的人生信息交流沟通制度，按时沟通，互补信息，确保族人人生信息的完整、安全。

十一、使用

新修谱牒的使用，指的是新谱牒使用方法和使用目的。主要有以下十四个方面：

（一）要突破谱牒"不示外人"和"不可私修"的禁区，实现谱牒"自主化、大众化、社会化、实用化"

《现代族谱》使用的广泛性，打破了"族谱不示外人"和"族人不可私自修谱"的陈旧观念，有效维护了族谱人生信息记录"全面、准确、科学"的内涵。《现代族谱》一个家族可修一部，一个家族分支也可修一部，一个

家庭修一部更好；尤其是《百年家谱》部分，它是家族信息系统"强健肌体"的一个"细胞"，只有这个"细胞"强健，才能最终实现"强健肌体"的持久性。旧族谱被外人窥视或抄袭，藏谱人必被重处；新谱除隐私之外，可作为文化交流之珍品。旧谱修谱的主动权和录入素材的取舍权由族中少数人掌控，新谱的修谱主动权和录入素材的取舍权均由族人自己做主。《现代族谱》的使用，可真正实现修谱的"自主化、大众化、社会化、实用化"。

（二）可作为文物，为子孙遗留财富

现代人都知道"文物无价"，然而有多少人知道，自家的族谱就是最好的文物！《现代族谱》用特制宣纸印刷，可确保数百年、上千年不变质，其内容、体例、设计等专门征求了有关文物专家的意见，百年以上记录，或请名人、书法名家代录或题词，珍藏百年、几百年即为珍贵文物，具有很高价值。认真记录、珍藏族谱，实为子孙遗留财富。

（三）可作为高品位文化礼品，成为文化交流、传承之载体

古代的族谱"秘不示外人"，藏谱被外人窥视、抄袭均为忤逆之罪；《现代族谱》为特制的修谱工具书，它印刷精美，装帧考究，纸质优良，设计科学、全面、实用，谱法划一，具有极高的同类信息比较价值和三十多个学科研究价值；在启用之前，它是馈赠亲人、朋友、老人、新婚夫妇、同学、战友、同事等的高品位文化礼品，寓意家族兴旺、功业亨通、运顺财发、多子多福、健康长寿，相互馈赠《现代族谱》是最好的文化交流、传承之形式和载体；启用之后，它是族人"家庭史书""血亲档案""传家之宝"。

（四）查阅族谱，血亲相认

翻开自家族谱，你很快知道你的根在哪里，谁是你的始祖，距今已有多少代、多少年，谁是你的高祖、曾祖，他们在世的时候都发生了一些什么故事，祖宗给我们留下了些什么东西，对我们有什么要求和期盼，三至五代之内有哪些堂兄弟姐妹、表兄弟姐妹，他们现在在哪里生活、工作，近况如何，这些信息将一目了然。当翻开族谱，看到了你的某世代宗亲是一个知名专家或是某行业带头人，你会油然而生一种荣誉感。而当今时代的现实状况是，绝

大部分族人之间互相并不了解，即便是五代近亲只有几十个人，相互之间也并不完全了解，我们可以通过族谱与自己的亲人相认。"每逢佳节倍思亲"，年节之时和孩子们一块翻开自家族谱，在家族的历史中畅游，了解先人之功德、教诲，体会人生天伦之乐趣，其乐无穷。

（五）从谱牒中获取大量科学研究所需要的资料

按照《现代族谱》内容栏目的设计，谱牒内有大量家族群体信息和个体信息，有大量族人社会活动信息和基因遗传信息，有三十多个学科的珍贵资料。你想致力于某个领域的研究吗？翻开自己家的族谱，里边可能就有你急需的东西；谱牒记录的时间越长，所记录信息的科学研究素材价值就越高，你家的谱牒珍藏一百年、二百年，甚至上千年，很多科学家、学者争相向你的子孙求取查阅资料，称赞你的家族为人类做出了贡献，到那时你若地下有知，该有何感想？

（六）使用族谱，避免近亲结婚，提高族人素质

近亲三至五代内婚姻，其后代会表现出大量的遗传疾病和先天性疾病，这是几千年来老祖宗总结的经验，是不争的事实。然而，近代因人口剧增，流动性加剧，"三代不识"现象客观存在，"五代不识"现象非常普遍，如果没有《□族谱》或《百年家谱》，我们和婚姻登记部门将无法限制和避免"近亲婚姻"。另外，你的祖先有无长寿基因，你的家族有无糖尿病基因，你的亲人有无高智商基因，等等，如果翻开族谱都可一目了然，为族人体质康健、优生优育提供重要依据。

（七）使用族谱，开展宗亲联谊活动，帮助侨居他乡的亲人寻根问祖、认祖归宗

族谱是家族成员在本宗族内的身份证件，没有族谱就谈不上宗亲联谊，没有族谱侨居他乡的亲人很难认祖归宗、寻根谒祖。侨居他乡的亲人寻根谒祖使用族谱一般有六种情况：一是查找"始祖"或"支祖"的名讳，二是对照"辈分字"，三是查找对照某位已知先人的名讳，四是对照家族迁徙经过，五是对照主要遗传特性，六是对照祖居、祖坟、祠堂等遗存。

（八）利用族谱的桥梁和纽带作用，促成由亲情支撑的"亲情互助经济"，繁荣社会主义经济

翻开族谱，你的某一宗亲是海外经贸巨商，若他在国内有投资意向，亲情肯定是"定心丸"，同样的条件其祖居地就有优势，招商引资，得天独厚；当你欲发展某产业，苦于资源紧缺，然而无意中翻开族谱，发现你的祖居地是该资源富有地区，你会欣喜若狂，带着族谱去祭祖的。在经贸领域内，肯定必须按经济规律办事，然而亲情是开启"互助""合作""支援""投资"等助推经济发展大门的"金钥匙"。这是被无数事实证明了的。

（九）利用族谱，把自己一生的信息留给子孙

谱牒上的信息，可能是你来人世间留下的唯一的东西。人生一世几十载，长寿难过百年关。你活着的时侯可能什么都有、儿女都孝顺、朋友满天下、理想大、追求高、事业很成功，你百年之后有什么？你能给后人留下点什么？你有什么办法能让子子孙孙记着你？你怎么能让后人去完成你的遗愿呢？这些问题，只有极少数人能在国史和方志中得到解决，绝大部分人很难解决；然而，族谱可以轻松地为你解决这些问题。所以，一定要使用好族谱，记录好自己所有的信息和想向子孙说的话。

（十）利用族谱，开展各类宗亲联谊活动，促进民族团结、社会和谐、祖国统一

纵观五千年中华文明历史，十几亿中华儿女，数以万计的宗亲均以炎黄为祖根，所谓"都是炎黄子孙""五百年前是一人"，本源于此。利用族谱，开展各类宗亲联谊活动，可有效促进民族团结、社会和谐；尤其对侨居海外的族人，可增强其认同感，促进祖国统一。

（十一）利用族谱，教育子孙，感受先人创业艰难，承祖德，谋发展

族谱上记录着先人的品德、智慧、志向、业绩、教诲、嘱托、荣誉、经验和教训，是后代子孙受用不尽的财富，又是后代子孙谋求发展、光宗耀祖的基石和动力。族谱是教育子孙最好的教材、最好的老师，使用族谱教育子

孙也是最好的教育方法，定会取得很好的效果。

（十二）利用族谱中"族规"和"家训"开展家庭教育

古代族谱中一些"族规"和"家训"是统治、愚弄族人，实施封建宗法统治的主要手段；当代人编修《现代族谱》制定"族规"和"家训"，继承中华传统美德，不再使用旧谱中封建、迷信、愚昧、落后、粗俗、违法的东西，以科学、发展、创业、协作、和谐、博爱、报恩为主题，弘扬社会主义道德观、价值观、人生观，为家庭教育开辟了新的途径。

（十三）利用族谱，教育族人尊祖敬宗、尊老爱幼、家庭和睦

"报恩"是做人的优秀"品质"，"情义"是人们长期群居生活所形成的"本能"，这种"品质"和"本能"主观存在于人们的意识之中。族谱可有效激发人们意识中的"品质"和"本能"，形成"无怨无悔无任何条件"的"爱"；这种"爱"，正是我们所说的"尊祖敬宗、尊老爱幼、家庭和睦"的内在动力。进行尊祖敬宗、尊老爱幼、家庭和睦的教育，族谱是最好的教材。

（十四）利用族谱，丰富中华历史

辉煌的中华历史大厦有三大支柱——正史、方志和族谱。然而，五千年中华历史告诉我们，所谓的"历史"几乎全部是帝王、将相、才子、佳人的历史，真正能够反映历史原貌的"平民历史"和"微小而见真谛"的"微历史"，很少流传于世。这正是"中华历史之弊"！我们有责任记录好族谱，使用好族谱，以加固中华历史大厦之"支柱"，最大限度丰富中华历史。

十二、计算机网络技术在《现代族谱》上的应用

中华谱牒从上古走来，因社会环境和宗族实用之需要曾经有过口传、结绳、忆念、甲骨、青铜、牒札、纸张、石碑、宝塔、布帛等多种载体，今天，随着人们进入信息社会，修谱数字化更是时尚，计算机网络无疑是一种很好的载体。

计算机网络技术在《现代族谱》上的应用，或者说谱牒的数字化、网络谱牒的应用，实际上是应用计算机网络技术而实现《现代族谱》传播、编

修、贮藏和使用的现代化的过程。《现代族谱》同时设计了"特制宣纸文本"和"计算机电子文本"。我们从谱牒的"人生信息收集传递""编辑整理""安全持久贮藏""方便快捷实用"和"文化、文物价值"五个方面比较"计算机电子文本"和"特制宣纸文本"两种不同载体之利弊，便可正确应用计算机网络技术。

（一）计算机网络谱牒的优、缺点

1．优点：

（1）谱牒"人生信息收集传递"快捷；

（2）编修谱牒内容容量大，体例便于调整；

（3）谱牒使用查阅方便、快捷。

2．缺点：

（1）谱牒文化、文物价值低；

（2）资料安全无保障。

（二）特制宣纸谱牒的优、缺点

1．优点：

（1）谱牒文化、文物价值高；

（2）谱牒内容贮藏期可达三百、五百年，甚至上千年，资料安全有保障；

（3）便于文化交流。

2．缺点：

（1）修编谱牒容量小且体例调整不便；

（2）人生信息收集传递慢且修谱编辑困难。

（三）计算机网络和特制宣纸两种载体有机配合使用，是现代谱牒的最佳选择

1．使用计算机网络技术处理、贮藏旧谱牒。

2．新修谱牒，使用计算机网络技术收集传递人生信息。

3．按照《现代族谱》"特制宣纸文本"和"电子网络文本"的具体要求，分别录入相同的人生信息。

4. 使用谱牒查阅家族人生信息时，以"电子网络文本"为主；开展宗亲联谊活动或文化交流时，以"特制宣纸文本"为主。

5. 妥善珍藏"特制宣纸文本"，合理使用"电子网络文本"，使其互相参照，取长补短，共同实现《现代族谱》的社会功能。

（四）"计算机电子文本"的录入、使用和维护

1. 录入

（1）录入六字基本要求："计算机电子文本"录入人生信息，要做好六个字——"确保""拓展""突破"。

①确保。"确保"即确保"计算机电子文本"所录入的内容与"特制宣纸文本"完全一致（除拓展和突破部分）。

②拓展。"拓展"即充分利用"计算机电子文本"软件的"记录栏目无限拓展特性"，可不受"特制宣纸文本"页面限制，不用增加《囗族谱》或《百年家谱》册数，不用启用《附册》，随意录入大量的人生信息。

③突破。"突破"即突破"特制宣纸文本"记录栏目不能实现"音像录入"的限制，将人生"音像信息"录入保存，并在"特制宣纸文本"相应栏目注明。

（2）录入的基本程序：

第一步：打开"计算机电子文本"软件；

第二步：按基本要求录入；

第三步：录入完成后，将"计算机电子文本"加密保存，放置在自己的文件夹内或委托安全网站保存。

2. 使用

"计算机电子文本"的使用主要有三个方面：查阅、传递、打印。一定要谨慎操作，切莫损伤原文。

（1）查阅。输入密码，进入"计算机电子文本"软件，打开"计算机电子文本"即可查阅。查阅检索十分快捷，无论查阅族谱任何栏目，无论查阅"世系图"内任何族人，只要输入"关键符号"，瞬间可取。

（2）传递。要求必须在族人当事人许可的情况下，将被传递信息下载，

然后进行网络传递。

（3）打印。要求必须在族人当事人许可的情况下，将被打印信息下载，然后打印。

3. 维护

与"特制宣纸文本"比较，"计算机电子文本"的最大缺陷是"不安全"，突出表现在两个方面：其一，易于"泄密"，自己的隐私部分保密无保障；其二，据有关专家透露，人生信息短期内易于"丢失"，长期珍藏寿命不过百年。因此，及时维护是确保"计算机电子文本"人生信息安全的主要措施。要求认真做好以下三点：

（1）做到计算机及时杀毒；

（2）采取有效的加密措施，严防使用、传递过程丢失信息；

（3）维护计算机硬件，定期复制"计算机电子文本"内容。

注释：

① 《中国近三百年学术史》"十五"《清代学者整理旧学之总成绩》"三"，复旦大学出版社，1985年，第480页。

② 《嘉祐集》卷一四，《苏氏族谱·谱例序》。

③ 转引自林其锬：《家谱功能的历史嬗变与现代价值》，上海科技文献出版社，2000年，第149页。

第五章 《现代族谱》记录说明

《现代族谱》共四册：《使用说明》《□族谱》《百年家谱》《附册》。《使用说明》为一般书籍用纸印刷，不作记录之用，在记录《□族谱》和《百年家谱》之前必须认真阅读，正确理解其理论概念和具体记录使用方法，切忌不看《使用说明》草草记录《□族谱》或《百年家谱》的做法。《□族谱》《百年家谱》《附册》"正本"为特制宣纸印刷，"副本"为特制蒙肯纸印刷，分为线装竖版、线装横版、平装横版几个版式，需按各栏目说明记录。《族谱》以记录全家族世系、重要人生信息，群体人生信息和始祖、支祖、谱祖、藏谱人、重要人物详细人生信息为主，每册可记录族人两千人左右；《百年家谱》以记录五至六代、百年、百人，所有家人详细人生信息、三百位亲戚简要人生信息和本家族群体人生信息为主，要把握「全录」。因页面限制，如某些栏目页面不足，可采用增加或《百年家谱》册数或启用《附册》《□族谱》和《百年家谱》因页面限制而不能记录的任何内容。

《现代族谱》：《□族谱》《百年家谱》《附册》
（现代纸质谱牒）

一、《□族谱》部分

(一)封面谱名标签。"封面谱名标签"用小毛笔或软笔蘸碳素墨水书写。

1. 线装竖版。《□族谱》封面谱名标签书写在暗纹位置，除中国书法家协会主席、当代书法家张海题"族谱"外，在暗纹位置书写家族所在具体地名或堂号、"始祖"(或支祖)名讳等。《□族谱》的"□"内书写"支""通""统""联"等字样。根据需要表示为：《支族谱》《族谱》《通族谱》《统族谱》《联族谱》；记录从始祖开始完整宗族人生信息的谱牒为《族谱》，记录从支祖开始家族分支的谱牒为《支族谱》，记录异源同姓之谱牒为《通族谱》，记录同源异姓之谱牒为《统族谱》，记录异源异姓之谱牒为《联族谱》。"第□册"空白处记录宗族中《□族谱》的册数。如无统计，也可不记。

2. 平装横版（或线装横版）。《□族谱》封面谱名标签书写在两行竖排空白位置和空白圆圈位置，除张海题"族谱"外，在空白位置书写宗族所在具体地名或堂号、"始祖"（或支祖）名讳等。《□族谱》的"□"内书写"支""通""统""联"等字样。根据需要表示：《支族谱》《族谱》《通族谱》《统族谱》《联族谱》；记录从始祖开始完整宗族人生信息的谱牒为《族谱》，记录从支祖开始家族分支的谱牒为《支族谱》，记录异源同姓之谱牒为《通族谱》，记录同源异姓之谱牒为《统族谱》，记录异源异姓之谱牒为《联族谱》。"第□册"空白处记录家族中《□族谱》的册数。

若请伟人、名人、名家、友人题写谱名，更显珍贵。

(二)"□族谱"部分标题专页。用小毛笔或软笔蘸碳素墨水书写。

1. 线装竖版。阴影处：右上角长块阴影和中间偏上的方块阴影，记录"始祖"或"支祖"所在地名、姓氏，也有在地名后记上"堂号"或"支祖"名讳的，地名必具体、详细；圆形阴影记录"支""通""统""联"字样；左下角长块阴影处记录修谱的开始时间，也可记录修谱人的名字，若记录赠送该谱人的名字更有意义（如：学生李忠送恩师毕业留念；送兄美国留学，弟张思祖）；右下角阴影处记录本族谱编号。《族谱》是《现代族谱》的主要组成部分，侧重记录从"始祖"或"支祖"开始宗族整体的族人重要人生信息，把几部、十几部、几十部《支族谱》连续记录，可完成大家族整体的《族谱》。

2. 平装横版（或线装横版）。与封面书写方法相同。

（三）始祖肖像。根据照片的珍藏时间没有画像的珍藏时间长的特点，尽管在《百年家谱》部分每位族人均有照片，为使祖先容貌数百年珍藏，特设此栏目，可请绘画名家画像，以增珍贵。设置两张页面，绘制、摄制始祖夫妇双人或单人肖像、照片均可。

（四）支祖肖像。同"始祖肖像"。

（五）序。古称谱论、谱说、谱法，可请伟人、名家、名人、友人为本族修谱宗旨、意义、方法作文，为激励、褒评本族作文，注意落款题名。

（六）题词。可请伟人、名人、名家、友人为激励、褒评本族而书写简要文字，注意落款题名。

（七）谱序。主要记录本族历次修谱谱序，本次修谱的概况及理论、宗旨等。

（八）始祖。记录本族以血缘传承为主有谱可载的第一代第一对夫妇姓名及有关情况；如果没有确切历史文字记载，没有族谱记载，不得记录为始祖。冒认他祖为己祖、冒认历史名人为己祖，均为辱祖之不孝行为。由于历史漫长，家族变迁环境复杂和谱文化产品不甚规范等原因，现阶段大部分家族"准确确定始祖"极为困难。可依据"真正理清概念，认真查阅资料，实地调查询问，实事求是记录"的原则记录；若"始祖"情况有争议，有传说但无确切文字记载，也可暂时记为"始祖"，并记录实情，待查清后完善；

如本族始祖信息不清楚，可依据现有资料或族中年长者回忆确定"始祖"，待查清后完善。

（九）姓氏由来。以历史文字记载为准，记录本族姓氏的产生过程。古人多有姓氏之书，如宋人邓名世著《古今姓氏书辩证》、郑樵著《通志·氏族略》等。《通志·氏族略》将姓氏起源分为32类，并列举姓氏混淆13种，收录姓氏2255个；据专家研究发现，中国人古今曾用姓氏超过22000个，当代中国人正在使用的汉姓约有3500个。

（十）郡望。记录本族或姓氏的发祥地名（古称发祥之地）或历史上的聚居地（古称望出之郡）。郡望多用于古代，实为宗族发展历史之标志，现代人可用可不用；若使用必以历史记载为准。

（十一）家族变迁。尽可能记录本宗族自从产生以来的姓氏变化及各派、各系、各支的流动迁徙过程；尤其本支族的变化、迁徙过程和各迁徙分支的分布情况。要依据历史文字记载和族中老人回忆。

（十二）支祖。"支祖"是"始祖"之后某代宗族分支的第一对夫妇，也有人称为"始迁祖"；准确称谓，应为"某代支祖"。所以，"支祖"有大有小，实为修谱人意愿所定，最大可为"始祖"的儿子，最小也可是末代之前三五代，当代的"小支祖"一定是后代的"大支祖"。严格说"始祖"也是"支祖"，原因是"始祖"也有父亲；之所以确定为"始祖"，是因为其父亲没有准确文字记载或该支祖对本族有较大影响。"支祖"尽量记录为"某代支祖"，若不能确定世代数，也可暂时记录为"一代支祖"，记录实情，待查清后完善。

（十三）修谱背景。主要记录本次修谱的原因，修谱的外部环境和族人的要求，以及修谱的简要经过。

（十四）原则。即修谱原则。主要记录族人共同研究确定的修谱过程中各有关环节的具体规定（古称谱例、凡例等）。比如制定如何处理下列几个方面问题的原则：如何确定"始祖"或"支祖"；因年代久远，某代已出现"断代"应如何处理；男到女家落户的女性族人是否可入谱进入"世系"传承；纯女户女性族人是否可进入"世系"传承；"收养""过继""干儿女"是否可以进入"世系"传承；哪些家族成员入耀祖榜、荣誉录、警示录，哪些恩人记入恩人录等。

（十五）祠堂。祠堂也称"家庙"，是家族先人牌位（表示先人灵魂）聚居的地方，又是古代宗族实施宗法、祭祀祖先、处理宗族事务的地方。"祠堂"产生于宋、兴盛于明清；现代家族之所以热衷于修建之，其原因是祭祀祖先，尊祖敬宗，传承孝道。记录"祠堂"的建设规模、图纸、位置、年代及修缮有关情况，不要记录封建迷信活动之类的内容。

（十六）堂号。"堂号"是"祠堂名号"，是家族血缘、历史、荣誉的标志。"堂号"有的仿效隋唐文人在室名、书斋名之后缀以"堂"字的雅风；有的源于"郡望"等。记录时以家族文字记载为准。

（十七）文物。记录本家族传承下来现已达到国家文物标准的实物或建筑的有关情况。

（十八）族产。记录家族共有财产，如祠堂、坟地、土地、山林、房屋等的数量及管理情况。

（十九）契约。记录涉及族产的契约及有关情况，记录要与原件相一致。

（二十）祖坟。记录"始祖"坟茔位置、规模、同坟其他祖先简况及本家族各支、门较大坟茔等有关情况。

（二十一）碑文志铭。主要记录已故先人三个情况：碑文、墓志铭、盒志铭（放置在骨灰盒内，刻制于石片、金属等耐储材料上的志铭文词）。要求记录必与碑文或志铭体例、内容完全一致。

（二十二）辈字诗。又称字辈谱、班辈等，记录本宗族有文字记载或公认的"辈字诗"，没有可省略。

（二十三）族规。族规又称家法、家训、族训、族约、祖训等，是家族自己制定的约束、教化族人的宗族法规。旧式族谱多为忠君、孝亲、祭祖、禁赌、约束妇女等内容，既有进步、激励、高尚的一面，也有落后、愚昧、低俗的一面。在《现代族谱》这种"全面、科学、实用"的谱文化产品中，应认真研究，科学制定"族规"，使其成为"科学进步、文明高尚、持家创业、奋发图强、博爱和谐、尊老爱幼、敬祖承优、兴我家邦"的现代"家庭教科书"。制定"族规"应融入古训和现代社会内容，如"八荣八耻""弟子规""朱子家训"等。引用古训时要"取其精华，避其糟粕"，这样的"族规"才有教化族人的意义。"族规"的内容要宽泛，制定族规要从大的原则上对族人提出概括要求，建立简便易行的学习"族规"制度。

（二十四）风俗礼仪。记录宗族世代传承的主要风土人情和礼仪习俗。民俗的种类和内容主要有：礼仪民俗、岁时民俗、婚丧嫁娶、鬼神禁忌、生肖姓氏、图腾信仰、古建民居、民间美食、民族服饰、游艺竞技、工艺美术、戏曲曲艺、传统技艺、五行八作、民间乐舞、生活民俗、信仰民俗、民间文艺、民间语言、神秘文化等，在内容发生较大变化的历史时期及时记录；该栏目信息量较大，可采取增加《□族谱》册数或启用《附册》的方法解决。

（二十五）世系图。记录"世系图"要把握好如下几个环节：

1. 始祖或支祖的确定：《现代族谱》的"世系图"是有序排列的"图示"，包括旧体例"世系"在内的、可承载族人夫妇的世代数、排行数、血缘传承关系、婚姻次数、姓名、父母世代数、父母排行数、父母婚姻次数、出生时间、去世时间、籍贯、生育情况等十三个重要人生信息的"有机载体"。首先，要确定"世系图"第一位族人为"始祖"或"支祖"。如"始祖"文字记载很清晰，世代传承没有"断代"现象，一般记录为"一世始祖"字样；如"始祖"文字记载不清晰，或出现"断代"现象，可记录为"某某世支祖"或"一世支祖"字样，具体情况在"姓氏由来"或"家族变迁"中记录实情即可。

2. "图示"排序方法。在"世系图"中排列"图示"的方法一般采取"长子左位法"或"长子中位法"。"长子左位法"为"上先代、下后代，世代长子居左位，兄（姐）左弟（妹）右顺序排，同代同列位不够，下列左位始续排"；"长子中位法"为"上先代、下后代，世代长子居中位，兄（姐）左弟（妹）右两边排，同代同列位不够，下列中位始续排"。在"世系图"中的左右分辨，指"世系图"中族人排位的左右，与查看族谱人的左右手正好相反。

3. 族人是否记入"世系图"的原则。有五种选择：一是只记录有血缘关系男性族人及其妻子，儿子、儿媳妇、女儿、女婿；二是记录有血缘关系和无血缘关系但确立传承关系男性族人及其妻子，儿子、儿媳妇、女儿、女婿；三是记录有血缘关系和无血缘关系但确立传承关系男性和"男到女家落户"女性族人及其妻子（女婿），儿子、儿媳妇、女儿、女婿；四是记录有血缘关系和无血缘关系但确立传承关系男性和"要求"在本族入谱的女性族人及其妻子（女婿），儿子、儿媳妇、女儿、女婿，并女性族人的后代可向下世代永久传承记录；五是无论有无血缘关系、无论男性族人还是女性族人，只要确立传承关系的族人，其配偶、儿子、儿媳妇、女儿、女婿等，均向后世代传承记录（如《百年家谱》）。以上五种选择可依据本氏族民俗和意愿确定，尤其是第四种、五种选择，是对几千年来"家谱以父系为主体"的革命，虽然能够实现较大家族"血缘传承脉络清晰，男女平等"的效果，但一定要尊重民俗和氏族意愿确定；一般情况下，《族谱》或《支族谱》按第一、二种选择，《百年家谱》按第五种选择。

4. 族人血缘关系的分辨。在"世系图"中，由于依靠"序号"和"血缘传承标示"，实现了血缘传承"世系""无线连接"，没有具体标示出儿子、女儿、孙子、孙女、外孙、外孙女等，没有直观地把各类族人"世系"分别单列。在这种情况下怎么确定、分辨不同层次的族人呢？其实很简单：

（1）世代数和排行数的确定：世代数和在同一世代中的排行数的确定和分辨，依据"长子中位法"或"长子左位法"和"按出生时间先后依次排行"的原则，稍有出入，并无大碍，一旦确定无需更改，于旁侧记录实情即可；

（2）确定和分辨高祖、曾祖、祖父、父亲、儿子、孙子、曾孙、玄孙：在"世系图"中，以被查找族人为中心，依据"父母序号"、"育"栏目中子女名字、"排行数"和"血缘传承标示"，向上查四位、向下查四位，即可清晰分辨，无需专门单列；

（3）分辨兄弟姐妹：凡"图示"中"父母序号"相同者，皆为兄弟姐妹。

(4) 分辨女儿及向后世传承的外甥、外甥女等：仿照分辨儿子、孙子的方法，认准女儿、外甥、外甥女的"血缘传承标示"即可。

(5) 分辨非血缘传承人的过继、干儿女等：仿照分辨儿子、孙子的方法，认准"非血缘传承标示"和旁侧的文字说明即可。

(6) 分辨堂兄、堂姐、堂弟、堂妹等旁支亲人：查找父亲的兄和弟的儿子、女儿及其出生日期与自己对照即可。

(7) 分辨表兄、表弟、表姐、表妹等表亲：若母亲为本《族谱》血缘传承人并向后世传承记录的，认准母亲的"血缘传承标示"，查找母亲兄、弟、姐、妹的子女即可；若母亲从属父亲，在父亲家族《族谱》传承记录的，可依据父亲"序号"查找父亲家族《族谱》"亲戚录"；若姑母在本家族《族谱》中传承记录，依据外甥、外甥女的"血缘传承标示"，查找其子女即可；若姑母从属姑父家《族谱》，在姑父家《族谱》传承记录的，可在姑父家《族谱》中按查找其儿子、女儿的方法查找。

(8) 正确使用"血缘传承标示"，确保各类族人血缘传承脉络清晰。夫妇同一"图示"记录，凡标有"血缘传承标示"为主导地位的，为儿子、女儿、干儿子、干女儿等；未标"血缘传承标示"的为附属地位，为媳妇、女婿等。要正确、认真使用"血缘传承标示"，尤其是族内婚姻、非血缘传承人向后世传承、女儿向后世传承等"血缘传承标示"，更要正确、认真对待。

(二十六) "世系图"中"图示"内夫妇每人的十五个"栏目"。十五个"栏目"可记录十三项重要人生信息：序号、夫妇世代数、夫妇排行数、夫妇婚姻次数、父母世代数、父母排行数、父母婚姻次数、夫妇姓名、夫妇血缘传承标示、传、籍、生、卒、葬、育。

"序号"是"夫妇世代数""夫妇排行数""夫妇婚姻次数"的集合体。"夫妇世代数"用汉文表示；男性族人"夫妇排行数"用阿拉伯数字表示，女性族人"夫妇排行数"用带圆圈的阿拉伯数字表示；"夫妇婚姻次数"用带括号的阿拉伯数字表示。如某男性族人是第十五代，在同世代中排序第二十三位，本次婚姻为第二次婚姻，则该族人的"序号"为"十五23（2）"；某女性族人是第十九代，在同世代中排序第九位，本次婚姻为第一次婚姻，则该族人的"序号"为"十九⑨（1）"。族人一生有几次婚姻就有几个"序号"。"序号"与"血缘传承标示""育"等栏目综合使用，可实现新体例《现代族谱》即时、持续、长久记录，"世系图"族人血缘关系"无线连接"，"世系图"内各类血缘关系十分清晰的效果。

（二十七）夫妇世代数。记录"世代数"以"始祖"或"支祖"的世代数为基数排列，使用汉文书写。如：一、二、三、四……

（二十八）夫妇排行数。"排行数"是同世代族人按出生先后的排序数。"排行数"记录时，一般有两种排序方法：一为男性、女性族人统一排列法，在同世代男性、女性族人群体中，按出生时间先后排序；二为男性、女性族人分别排列法，男性族人在同世代男性族人群体中按出生先后排序，女性族人在女性族人群体中按出生先后排序。其中男性族人使用阿拉伯数字，女性族人使用带圆圈的阿拉伯数字。大家族中，同世代人数较多，如族人出生先后区别有难度，可采取在《支族谱》或《百年家谱》中排序，同时加上支祖或谱祖名讳简称的方法。如：男为1、2、3……女为①、②、③……

（二十九）夫妇婚姻次数。记录"婚姻次数"非常必要，其不仅对人类婚姻历史研究、对人类完整家庭构成的研究记录是不可多得的素材，同时也对"世系图"中父子代血缘关系的清晰记录起着关键作用。要求记录"婚姻次数"一定要实事求是，哪怕婚后一天离婚或死亡也要记录，无论有无生育都要记录，结婚几次记录几次。

（三十）父母世代数。记录方法同《□族谱》部分（二十七）。

（三十一）父母排行数。记录方法同《□族谱》部分（二十八）。

（三十二）父母婚姻次数。记录方法同《□族谱》部分（二十九）。

（三十三）姓名。"姓名"栏在"图示"内同时记录夫妇二人姓名。夫妇排列顺序按民俗为"夫左妇右"（记录在纸上，夫妇排位名字与我们相对，故为"夫右妇左"），记录学名、乳名、字、号等其他名字记于"世系传"。

（三十四）血缘传承标示。"血缘传承标示"是"世系图"中区别血缘传承人和各类非血缘传承人等各类传承关系的标示符号——方框（口）、对号（✓）、圆圈（○）的组合。用这三种符号可标示出下列十五种传承形式。如"血缘传承标示"说明表（附表一）。

"血缘传承标示"在谱牒中的应用，切实解决了女性族人入谱，并向后世传承记录的问题；各类非血缘传承人入谱，并向后世传承记录的问题；世系图内各类传承关系不清的问题。同时它与"序号"有机配合使用，真正实现了谱牒世系图"无线连接"和"即时、持续、长久记录"。

（三十五）传。"传"是夫妇二人"世系传""生平传记""耀祖榜""荣誉录""警示录""文创技艺"等的共同标示，记清楚某册某页即可；如一人需几个栏目，其"栏目"对应的册页数可记录于"世系传"中，同时在"传"栏注明。

（三十六）籍。"籍"用于记录夫妇二人实际籍贯。因记录页面局限，可使用特细笔、简化记录，若页面不足可记入"世系传"。

（三十七）生。"生"用于记录夫妇二人的出生时间。出生时间按公历计算，最好精确到时、分；出生农历记入"世系传"，实在不能记起时分的，也可精确到日，或记"生日不详"；因页面限制，记录要简化。

（三十八）卒。"卒"用于记录夫妇去世时间。去世时间尽量精确到时、分，也可精确到日，或记"卒时不详"；因页面限制，记录要简化。

（三十九）葬。"葬"用于记录已故先人尸骨埋葬地或骨灰存放处。要求记录准确、具体，页面不足可记入"世系传"。

（四十）育。"育"用于记录夫妇所生子女名字、序号。记录时要注明男、女、收养、过继等。如子女多，页面不足，可简化记录。

（四十一）世系传。"世系传"主要是记录夫妇在"世系图"的"图示"中显示的十三个"人生重要信息"之外的简要社会活动和生理遗传信息。比如：职业、职务、学历、葬地详述、特殊技能、主要亲戚简况等。"世系传"栏可容纳一千多人的"世系传"，记录时可灵活掌握，并非所有族人都记"世系传"。人生信息较少时，夫妇二人可合记一格；人生信息较多时，也可一人占用两格以上；人生信息太多，可采取增加《□族谱》册数或启动《附册》的方法解决。

（四十二）家族大事记。记录本家族发生的大事，比如：敬宗祭祖、宗亲联谊、编修族谱、修建祠堂、婚丧仪式等。记录方法，可采取编年体记、时间顺序记、事件大小记等方法。

（四十三）耀祖榜。"耀祖榜"用于记录本家族成员中做出巨大贡献、具有特殊技能、大官、巨富者的事迹。具体哪些族人可记入"耀祖榜"，由族人研究确定。凡记入耀祖榜的族人，"世系图"应在"图示"中"传"（事迹、传记标示）后注明某册某页。记录时首先归纳事由标题，记清事迹全部和事迹发生时间、记录时间。

（四十四）警示录。"警示录"用于记录族人中有严重辱祖者之行为，以警示后人。旧体例族谱没有"警示录"的内容，只在族规或家训中规定"凡有某某行为的，不得入谱，不得入祖坟"等，这是不科学的。为切实解决旧族谱"书善不书恶"的失实陋习，确保人生信息的"科学、准确和完善"，《现代族谱》特设"警示录"。哪些族人记入"警示录"，以族人共同研究意见为准；建议下列全部或部分行为进入"警示录"：（1）叛国投敌；（2）杀人放火；（3）遗弃婴儿；（4）虐待老人。

（四十五）生平传记。"生平传记"一般为三种格式：（1）一生较完善的评语；（2）一生主要经历的年表；（3）围绕一生事迹而作传记。根据族人需要可选其一，也可按照状、志、述体记录。

哪些族人需记录"生平传记"，由族人研究确定，一般掌握在族人总人数的20%左右。记传篇幅根据人生信息的多少可灵活掌握：（1）如信息量很少，不予记录"生平传记"；（2）如信息量少，可占用半个"单元"；（3）如信息量较大，可占用一个"单元"以上；（4）如需作"生平传记"的族人较多，可采取启用《附册》，或增加《□族谱》或《百年家谱》册数的方法来解决。

（四十六）文创技艺——文。"文"用于记录族人传世文学作品，尤其是尚未发表的，且是族人认为较为有价值的文学作品。记录页面不够，可增加《□族谱》或《百年家谱》册数或记录《附册》。

（四十七）文创技艺——创。"创"用于记录族人发明创造之类的内容。可以记录获得国家专利的发明创造，也可记录未获得国家专利的发明创造和技术革新等。栏目页面不够，可增加《□族谱》或《百年家谱》册数或记录《附册》。

（四十八）文创技艺——技。"技"用于记录族人特殊技能或超常技能。栏目页面不够，可增加《□族谱》或《百年家谱》册数或记录《附册》。

（四十九）文创技艺——艺。"艺"用于记录族人在礼仪、音乐、表演、造型艺术等方面的情况。栏目页面不够，可增加《□族谱》或《百年家谱》册数或记录《附册》。

（五十）百年家谱谱祖录。《百年家谱》中"谱祖"和"藏谱人"是关键人物，他们担负着认真收集人生信息，正确记录人生信息，妥善珍藏《□族谱》和《百年家谱》三大重任，要认真记录、联络、培训好"藏谱人"，使其正常发挥作用。要建立家族各支、门、房《百年家谱》藏谱人定时联系制度和规范的"人生信息收集反馈制度"。

（五十一）《现代族谱》修编委员会。"《现代族谱》修编委员会"一栏，是修谱主持人的记录栏目。修谱主持人是新修族谱最关键的族人，要认真记录并及时变动。

二、《百年家谱》部分

（一）《百年家谱》封面谱名标签。封面谱名标签用小毛笔或软笔蘸碳素墨水书写。

(1)线装竖版。标签下端除中国书法家协会主席、当代书法家张海题"百年家谱"外，标签上端并列两条暗纹处书写"谱祖"所在地名（地名不得简化）、姓氏、世代、名讳尊称和堂号（也可没有堂号）等；标签下端右侧"第

"□册"处，记录大家族中所有《百年家谱》的排序号，如大家族内尚未排序号，可暂时不予填写；若请伟人、名人、名家、友人题写谱名，更显珍贵。

（2）平装横版（或线装横版）。标签下端除张海题"百年家谱"外，标签上端竖排两列空白处用于书写"谱祖"所在地名（地名不得简化）、姓氏、世代、名讳尊称和堂号（也可没有堂号）等；标签下端右侧"第□册"处，记录大家族中所有《百年家谱》的排序号，如大宗族内尚未排序号，可暂时不予填写；若请伟人、名人、名家、友人题写谱名，更显珍贵。

（二）《百年家谱》谱名专页。"谱名专页"用小毛笔或软笔蘸碳素墨水书写。

（1）线装竖版（或线装横版）。除专页下端中部张海先生题"百年家谱"外，右上角长块阴影和正上方短方块处详细具体记录"谱祖"所在地名（不得简化地名）、姓氏、世代、名讳尊称和堂号（也可没有堂号）等；右下角方块阴影处记录该《百年家谱》在大宗族中的排序号；如大宗族内尚未排序号，可暂时不予填写；左下角长条阴影记录修谱开始时间或修谱主持人名字谦称或赠送人谦称。

（2）平装横版（或线装横版）。书写方法与封面谱名标签相同。

（三）□世谱祖。"□世谱祖"用于记录五至六代近亲中第一代、第一对夫妇姓名的有关情况。□处记录"谱祖"在宗族中的世代数。按照《现代族谱》使用广泛性、社会化、民主化的要求，凡是本家族族人均可确立为"谱祖"，尤其是海外的、城市的、纯女户、女性的、要求记入自己或亲人大量人生信息的和各类非血缘传承人等族人，确立"谱祖"记录《百年家谱》更具有划时代的意义。作为大家族强健肌体的"细胞"，"谱祖"就是这个"细胞"的核心，所以记录好"谱祖"非常关键。

（四）谱祖肖像。"谱祖肖像"指专业画师为"谱祖"绘制的黑白免冠肖像。宣纸上绘画的肖像要比照片存放时间长几百年，为族谱首选。也可摄制谱祖夫妇双人或单人照。若为绘像，切记让画师落款题名。

（五）序。"序"主要是记录编修该《百年家谱》的目的、意义、经过，以及对家族褒评、激励等内容；可自序，也可请伟人、名家、名人、友人为本家族作序，以增珍贵。切记落款题名。

（六）题词。"题词"主要是书写对本家族褒评、激励、祝贺等短语。可请伟人、名家、名人、友人为家族题词。切记落款题名。

（七）修谱背景。"修谱背景"主要记录修订本《百年家谱》的原因、环境条件以及家人对修谱的要求等。

（八）修谱原则。"修谱原则"主要记录编修本《百年家谱》有关方面的规定和对家人的要求，也是修谱的"凡例"。

（九）藏谱人。用于记录《百年家谱》"藏谱人"情况。"藏谱人"是修订《百年家谱》乃至《现代族谱》能否成功的最关键人物，担负着修订《百年家谱》的组织、指导、调查、记录、珍藏等繁重的任务。在五至六代百年间或更长时间内，有多位"藏谱人"，其基本情况应分别在此栏目记录清楚，并记述清楚《百年家谱》某人传给某人的情况。

（十）家产。"家产"用于记录五至六代近亲中某代或某几代共有财产情况。

（十一）契约。"契约"用于记录家族财产及其他契约原始内容。

（十二）辈字诗。同《□族谱》中"辈字诗"栏目。

（十三）祠堂。同《□族谱》中"祠堂"栏目。

（十四）堂号。同《□族谱》中"堂号"栏目。

（十五）文物。"文物"用于记录五至六代中，遗留下来的主要历史遗存。

（十六）家训。"家训"用于记录在《□族谱》"族规"的基础上对五至六代近亲家人的具体要求；要建立简便易行的家人学习"家训"制度。

（十七）□氏坟茔方位图。适应现阶段人口流动性强、民俗需求较迫切的特点，设计两张"□氏坟茔方位图"。记录"谱祖"所在家族较大的坟茔，记录"谱祖"后裔五至六代族人所葬坟茔及骨灰存放处。□处记录坟主名讳尊称。"注"中各空格要依据实际需要填写。单独葬于祖坟之外的，可在该"□氏坟茔方位图"任何一角处标示。该图比例尺为人为拟定，可根据需要调整。该图的关键环节为选择"固定参照点"和"测量直线距离",操作时一定要认真。如采用卫星定位方法测出坟茔经纬度更好。

（十八）碑文志铭。同《□族谱》"碑文志铭"。

（十九）□同堂肖像。设计四张"□同堂肖像"栏目,可粘贴四张三、四、五、六代"□同堂照片"或请画师在宣纸上绘画；"□同堂肖像"上边□处,记录世代数；按要求记录清楚肖像上的家人名字和排列顺序、成像时间。若为画像,落款画师姓名；也可摄制同堂肖像,录制电子文本。

（二十）祖居图。"祖居图"用于绘录谱祖（或上世代）遗留的或现正居住的房屋、院子图,也可为祖居村落、街道、社区图。若页面不够,可启用《附册》。

（二十一）百年家谱世系图。"百年家谱世系图"记录方法基本上与"族谱世系图"相同,只有两点不同：其一,"族谱世系图"有一个"世系图",而"百年家谱世系图"由"□祖直系世系图"和"谱祖世系图"两个"世系图"组成,"□祖直系世系图"记录"谱祖"的"始祖"和"支祖"之下世代"直系族人"（不记旁支）,每一个"图示"记录一代一对夫妇,共可记录四十多代；"谱祖世系图"记录"谱祖"之下世代五至六代的世系。其二,"族谱世系图"录入族人一般为男性族人及特殊女性族人和个别非血缘传承人；而"百年家谱世系图""□祖直系世系图"只记录"始祖"或"支祖"之下世代直系每代一对夫妇,"谱祖世系图"则无论男女族人,无论什么情况的传承人,一律全部记录,并向后代传承记录,直到五至六代、一百多年、一百多人为止。

（二十二）人生信息记录册。"人生信息记录册"是《现代族谱》最主要部分,它由主页和附录整整两个页面构成,可记录五至六代近亲夫妇、百年、百人三十多个详细的人生个体信息,设计栏目之多、涉及范围之广、记录信息量之大都是空前的。切记必须实事求是记录,不得夸大,做到实录。

（二十三）序号。"人生信息记录册"中的"序号",记录方法与"世系图"中相同。记录方法同《□族谱》部分（二十六）。

（二十四）夫妇世代数。记录方法同《□族谱》部分（二十七）。

（二十五）夫妇排行数。记录方法同《□族谱》部分（二十八）。

（二十六）夫妇婚姻次数。记录方法同《□族谱》部分（二十九）。

（二十七）父母世代数。记录方法同《□族谱》部分（三十）。

（二十八）父母排行数。记录方法同《□族谱》部分（三十一）。

（二十九）父母婚姻次数。记录方法同《□族谱》部分（三十二）。

（三十）姓名。"姓名"分别记录于"夫""妇"空格处，竖写夫妇的学名；如果有乳名、字号等，可横写记于竖写学名的下面；若有姓无名，可记"某氏"等。

（三十一）照片。"照片"粘贴夫妇的单人2寸黑白免冠照片，也可请画师画像。照片粘贴方法可用双面胶纸等。画师要在本页右下角"画师"栏目落款题名。

（三十二）□岁肖像。"□岁肖像"需在□处记录照相或画像成像时的年龄。

（三十三）□。"□"为"血缘传承标示"，记录方法同《□族谱》中"□"。□与○、✓组合可标示十五种血缘传承关系。见附表一。

（三十四）传。"传"为生平传记标示，注明所在《百年家谱》中的册页数。

（三十五）记。"记"为耀祖榜、荣誉录、警示录、文创技艺、遗嘱、长寿秘诀等共同的记事标示，注明所在某册某页即可；如需记录两项以上，用细笔分别注明所在册页数，以便查阅。

（三十六）出生。"出生时间"用于记录被记录人离开母腹呼吸第一口空气的时间，按公历精确到时、分；不能确定时、分的，时、分栏可空缺；农历要换算成公历，若确需记录农历时记于"附录"或在公历计时下方记录。

（三十七）属相。"属相"如实记录即可。

（三十八）出生地。"出生地"用于记录被记录人出生时的具体区域和位置。比如，张三出生地为河南省滑县焦虎乡祁屯村父亲宅院北屋东间；李四出生地为河南省滑县人民医院妇产科28床。

（三十九）八字。"八字"即记录夫妇出生时的"生辰八字"；现阶段绝大部分人不再使用"生辰八字"的计时方法计算生日，也可不予记录。

（四十）去世时间。"去世时间"用于记录被记录人呼吸、心脏跳动停止时间。按公历精确到时、分，不能确定时、分的，时、分栏可空缺；如记录农历，可在公历计时下方记录。

（四十一）故因。"故因"用于记录被记录人去世的原因。比如，赵四故因：脑溢血半身瘫痪一百八十九天突发急性心肌梗死等。

（四十二）骨存处。"骨存处"用于记录被记录人去世后骨灰存放或尸体埋葬区域和位置，要记录清楚具体位置，以便查找。

（四十三）遗传基因——身高。受遗传基因和生存环境双重影响，"身高"须记录成年后的身高。

（四十四）遗传基因——血型。"血型"须根据化验结果如实记录。

（四十五）遗传基因——体重。"体重"须记录成年后最高、最低、正常三个体重。

（四十六）遗传基因——民族。"民族"记录被国家有关部门确定的归属民族名称和所在国家名称。

（四十七）遗传基因——种族。"种族"亦称人种，按世界九个"地理人种"及其"地域人种"划分标准，如实记录。

（四十八）信仰。"信仰"用于记录夫妇所在党派、宗教或无党派情况。

（四十九）遗传基因——智商。"智商"是"智力商数"的简称，又是人的智力发展水平的指标；一般来讲"智商"越高表明越聪明。智商的计算公式为：智龄除以实际年龄，乘以100。智商的高低需要到权威检测机构测定方可认定。一生可在有代表性的年龄段测定几次，没有可靠的检测机构也可不予测定，待有机会再测。

（五十）遗传基因——情商。"情商"是人的情绪品质和对社会的适应能力指标，需要到权威检测机构测定方可认定，一生可在有代表性的年龄段测定几次，没有可靠的检测机构也可不予测定，待有机会再测。

（五十一）遗传基因——超常人优良特性。"超常人优良特性"是人们优质基因的集中体现栏目。记录明显优于常人的优良特性，若具体内容文字较多，可在本栏目记录简短文字，主要内容记于"遗传基因及一生大事附录"。

（五十二）遗传基因——遗传、先天性疾病。"遗传、先天性疾病"有两部分。"遗传疾病"用于记录时至今日人类已发现的三千多种单基因遗传疾病和约占全国总人口百分之十以上的多基因控制的可明显表现的疾病：高血压、精神分裂症、冠心病、糖尿病、支气管哮喘、先天性畸形等；"先天性疾病"指人们出生时就表现出来的疾病。大量资料表明，近亲婚姻比非近亲婚姻发生的遗传性或先天性疾病的比率大致是：遗传性疾病高出6倍，先天聋哑和小头症高出19倍，黑蒙性痴呆高出30倍，先天鱼鳞癣高出30倍。要如实记录，为避免近亲婚姻、优生优育提供可靠的依据。若具体内容文字较多，可在本栏目记录简短文字，主要内容记于"遗传基因及一生大事附录"。

（五十三）一生大事——籍贯。"籍贯"须记录法定籍贯。

（五十四）一生大事——生活地。"生活地"用于记录被记录人一生曾经生活的区域地名。

（五十五）一生大事——婚姻状况。"婚姻状况"用于记录本次结婚时间或离婚时间；夫妇本次婚姻之前的婚姻状况。如页面不足，可记入"遗传基因及一生大事附录"。

（五十六）一生大事——文化程度。"文化程度"主要记录一生最高学历及自学"相当于"的学历等。

（五十七）一生大事——职业水平。"职业水平"用于记录被记录人一生从事的所有职业名称和业务水平。本栏目记录两项内容："名称"和"水平"。"名称"如实记录即可；"水平"不易记录，一般采用"很高""较高""中等""一般""较低"等表述用语，也有用"经济师""工程师""教授"等职称来表示的，能够把具体的水平、能力或技能用简要文字表示出来更好。如某人职业水平：小麦栽培技术达国内领先水平，小麦一般大田亩单产500公斤，他创大田亩单产800公斤纪录，全国第一。

（五十八）一生大事——收入。"收入"用于记录被记录人某一年内创造的收入（折合黄金克数），一生记录三至五次，最好记录发生较大变化时的具体收入情况，目的是真实地反映被记录人生活状况；如内容较多，可记于"遗传基因及一生大事附录"。

（五十九）一生大事——物价。"物价"用于记录被记录人使用物品（一件或几件）的单位价格（折合黄金克数），一生记录三至五次，最好在发生较大变化的时侯与"收入"同时记录，目的是反映被记录人生活状况；如内容较多，可记于附录。

（六十）子女姓名。"子女姓名"须记录夫妇所生育的所有子女（包括非亲生子女），按出生时间先后记录姓名、性别，如为非亲生子女，则注明"收养""过继""干儿（女）"等。

（六十一）记录人。"记录人"是指记录人生信息的人。一般人生信息需三人记录：父辈记子女出生时间，记录子女童年、少年信息；子孙记录长辈去世时间，记录长辈晚年信息；其他信息内容由自己或他人记录；"记录人"栏目，也可作为伟人、名家、名人代笔记录的签名处，以增其珍贵。

（六十二）画师。"画师"为绘制肖像画师落款题名处。在画面较小的宣纸上绘画难度较大，但画像珍藏时间比照片珍藏时间多几倍，若是名画师绘制的画像则更加珍贵。

（六十三）遗传基因及一生大事附录。"遗传基因及一生大事附录"主要记录被记录人在"遗传基因"和"一生大事"栏目内不能容纳的、有生之年表现出来的、有可能世代遗传的特性和一生中发生的大事。栏目内分上、下两块版面，一般"夫"在上，"妇"在下。记录前要先写好样稿，简要记录。

（六十四）亲戚录。"亲戚录"须记录五至六代近亲中非血缘关系家族成员（主要指媳妇和女婿）的父、母、兄、弟、姐、妹及其子女的简要人生信息和部分重要人生信息。每册《百年家谱》可记录300多位亲戚，按照表格要求记录即可。每位"传承人配偶"有多少位亲戚，"亲戚简况"栏目需要几格，将最后一格线段延长至"传承人配偶""姓名"栏即可。在"住址及联系方法等重要信息"栏目内,"联系方法"记录亲戚籍贯、住址、邮编、身份证号、电话、网址、QQ 或其中的一部分;"重要信息"记录亲戚事业情况和重大事件等。因页面限制,如某亲戚信息量较大,可占用两格以上或启用《附册》。

(六十五)恩人录。"恩人录"着重记录对本族或本族成员有很大恩情,值得记入《百年家谱》的人及事迹,目的是让子孙后代永远铭记。将族外恩人记入本家族族谱是旧族谱所不允许的,新族谱作如此更改,是弘扬中华民族"知恩图报""感恩戴德"优良品德的具体体现。

(六十六)荣誉录。"荣誉录"重点记录五至六代近亲家人中取得较高的学位、担任较高的职务、具有特殊的技能、通过奋斗取得了丰厚财富等,为本家族赢得荣誉和褒评者及其事迹;记入"荣誉录"标准,需经族人共同商定。

(六十七)警示录。"警示录"记录的内容和要求同《□族谱》"警示录",记录范围只限于本家族成员。

(六十八)生平传记。"生平传记"一般记录以下三种内容:(1)一生较完善的评语;(2)一生主要经历的年表;(3)围绕一生事迹而作的传记。书写格式除上述内容相应格式外,也可按照状、志、述体记录。

《百年家谱》"生平传记"栏目设计 20 个"单元",每"单元"可记录 2000 字左右,记传人数占《百年家谱》总容量的 20% 左右。记传篇幅要根据人生信息的多少灵活掌握:(1)如信息量很少,不予记录"生平传记";(2)如信息量少,可占用半个"单元";(3)如信息量较大,可占用一个"单元"以上;(4)如需作传记的族人较多,可采取启用《附册》或增加《□族谱》和《百年家谱》册数的方法来解决。

(六十九)文创技艺。"文创技艺"与《□族谱》中"文创技艺"同。

(七十)家族大事记。"家族大事记"用于记录五至六代近亲族人中发生的祝寿、祭祀、婚礼、葬礼、修谱续谱、修建祠堂、学习"家训"、家族成员取得较大成就等族人认为较大的和较有意义的事宜。一般有三种记录方法:一是按编年体例,把每年发生的事宜记录在一起;二是按时间发生的顺序记录；三是按事件的类别和大小分类记录；可任选。如页面不够，可启用《附册》。

（七十一）社会环境。"社会环境"着重记录家族成员生活区域的社会发生较大变化时期的历史状况，比如：人口变化状况、社会职业结构状况、社会事业状况、社会福利状况、社会治安状况、社会风气情况等。

（七十二）政治环境。"政治环境"用于记录家族成员生活和工作区域的组织、信仰、团体、国家意志、法律法规、对外关系等发生明显变化时期的状况。

（七十三）居住环境。"居住环境"用于记录家族成员生活的村庄、街道、社区以及其他位置发生较大变化历史时期的状况，比如：道路、照明、用水、布局规划、房舍风格等变化状况。

（七十四）自然环境。"自然环境"用于记录家族成员生活区域的山、林、土、水、生物、气候、天气、污染、灾害、疾病等发生较大变化历史时期的状况。

（七十五）衣食住行——衣。"衣食住行"用于记录家族成员生活环境内的衣、食、住、行，记录群体信息。衣、食、住、行分四块记录，在四个方面或某个方面发生明显变化的历史时期记录。"衣"，指的是家族成员的衣着、服饰、鞋帽等的质地、款式、颜色、制作、穿戴习俗等情况。

（七十六）衣食住行——食。"食"，指家族成员的食物原料、加工品种、制作工艺、饮食结构、质量、数量、饮食习俗等有关情况。

（七十七）衣食住行——住。"住"，指家族成员生活区域内的房屋结构、建筑风格、材料质地、配套设施、室内用具及居住民俗等有关情况。

（七十八）衣食住行——行。"行"，指家族成员生活区域内的车辆、道路、交通运输能力及出行习俗等有关情况。

（七十九）遗嘱。"遗嘱"记录先人去世前交代后人的、有教育意义或对重要事宜的嘱托。

（八十）长寿要诀。"长寿要诀"着重记录长寿老人健康长寿的原因等。

记录要具体。

（八十一）《现代族谱》修编委员会。此栏目是几百年时间内负责参与修谱族人的记录表，只记录修谱组织者名单。根据需要应及时增补新成员。

（八十二）《附册》。现代族人人生信息种类繁多、数量较大，族谱仅设计几十个栏目，页面有限不可能全部容纳，为尽量弥补不足，特设计《附册》，是弥补"固续式"族谱对记录内容限制的有效办法，记录时只需《□□族谱》或《百年家谱》与《附册》的"册""页"数分别对应，以便查找对照。

（八十三）"血缘传承标示"说明表。"《'血缘传承标志'说明表》"是十五种血缘传承标示符号的说明表格。十五种血缘传承标示符号共分四类：（1）基本血缘传承标示；（2）非血缘男性传人向后世传承标示；（3）非血缘女性传人向后世传承标示；（4）同族婚姻血缘传承标示。（1）类在《世系图》中经常出现，使用较为普遍；（2）类和（3）类只在非血缘传人向后世传承记录时使用；（4）类只是用于同族五代以内男女族人婚姻。

（八十四）人生信息统计表。为方便编修《现代族谱》时人生信息的收集，特设计四张"人生信息统计表"样表：《□□公后裔群体人生信息统计策划表》（见附表二）、《□□公后裔个体人生信息统计表一》（见附表三）、《□□公后裔个体人生信息统计表二》（见附表四）、《□□公后裔亲戚人生信息统计表》（见附表五）。"□□公后裔人生信息统计表"使用时要掌握好下列五个方面：

1．家族修谱收集人生信息时，可视需要增减其统计栏目；

2．可印刷"人生信息统计表"，发放各门、房、户、人；

3．可制成电子表格，网络传递；

4．有些统计栏目是人生信息统计的工作安排项目，如《□□公后裔群体人生信息统计策划表》中的一些栏目等，需按要求操作到位；

5．有些统计栏目需要记录的内容可能较多，可在相应的"人生信息统计表"中列出内容标题，把统计调查内容另设专页附于表后。

附表一

"血缘传承标示"说明表

分类	排序	标示符号	说　　明
基本血缘传承标示	1	☑	血缘传承男性标示
	2	○	血缘传承女性标示
	3	☑	女性血缘传承人向后世传承亲生儿子（外甥）标示
	4	◎	女性血缘传承人向后世传承亲生女儿（外甥女）标示
	5	□✓	非血缘传承男性标示
	6	□○	非血缘传承女性标示
非血缘男性传人向后世传承血缘传承标示	7	☑✓	非血缘男性传人亲生儿子向后世传承标示
	8	○✓	非血缘男性传人亲生女儿向后世传承标示
	9	□✓✓	非血缘男性传人非亲生儿子向后世传承标示
	10	□✓○	非血缘男性传人非亲生女儿向后世传承标示
非血缘女性传人向后世传承血缘传承标示	11	○○	非血缘女性传人亲生女儿向后世传承标示
	12	□○○	非血缘女性传人非亲生女儿向后世传承标示
	13	✓○	非血缘女性传人亲生儿子向后世传承标示
	14	□○✓	非血缘女性传人非亲生儿子向后世传承标示
同族婚姻血缘传承标示	15	□	五代内同族婚姻标示

附表二

□□公后裔群体人生信息统计策划表

栏目内容	分工	群体信息征集方法
序	组织	由组织请伟人、名人、名家、友人作序
题词	组织	由组织请伟人、名人、名家、友人题词
谱序	组织	由组织收集旧谱，选族人起草，研究定稿
姓氏由来	组织	由组织查阅资料、调查老人、研究定稿
家族变迁	组织、信征员	由信征员收集了解，查阅资料；由组织研究定稿
修谱背景、原则	组织、信征员	由组织起草；经信征员征求族众意见后定稿
祠堂、郡望、文物、族产	组织	由组织调查研究定稿
契约、祖坟、辈字诗	组织、信征员	由信征员调查族户，实地考察；报组织审核定稿
族规、家训	组织、信征员	由组织起草；经信征员结合族人意见后定稿
世系图、世系传	组织	由组织汇总各信征员上报信息，拟定世系图、世系传
人生信息记录册	信征员	由信征员深入族户调查汇总上报
祖居图、同堂肖像	信征员	由信征员调查各族户绘制完成后上报
碑文志铭、坟茔方位图	信征员	由信征员结合各族户，实地调查，按要求绘图上报
亲戚录、恩人录	信征员	由信征员按栏目内容要求深入族户调查记录上报
家族大事记	组织、信征员	由信征员收集；报组织调查汇总
风俗礼仪	组织、信征员	由信征员收集资料；组织调查核实研究定稿
衣、食、住、行	组织、信征员	由信征员调查各族户；组织调查核实研究定稿
四大环境	组织、信征员	由信征员调查各族户；报组织调查核实研究定稿
族谱编号	组织	由组织根据所需《现代族谱》册数多少确定
修谱组织	组织	由组织负责人根据参与人员情况研究决定
说明		1. 此表为家族修谱收集群体人生信息的分工表。 2. 有关栏目内容的收集（记录）方法参阅《现代族谱》"记录使用方法"部分。 3. 表内"组织"指"修谱委员会"的职能机构；若编修《百年家谱》，"藏谱人"可代替"组织""信征员"职能。

附表三

□□公后裔个体人生信息统计表（一）

内容栏目 \ 人生信息		夫　　□	妇　　□
姓　名			
序　号		世代：　　　排行：　　　婚姻次数（　）	
父母姓名序号		父：　　母：　　世代：　　排行：　　婚姻次数（　）	
出生时间	公历	年　月　日　时　分	年　月　日　时　分
	农历	年　月　日　时　分　属相	年　月　日　时　分　属相
去世时间	公历	年　月　日　时　分	年　月　日　时　分
	农历	年　月　日　时　分	年　月　日　时　分
去世原因			
埋葬或骨存处			
籍　贯			
生活地			
八字和信仰			
工作单位			
职业水平			
学历或相当学历			
民族和种族			
成人身高、血型		身高　　cm　血型	身高　　cm　血型
成人体重（公斤）		最高　　最低　　正常	最高　　最低　　正常
智商、情商			
经济收入、物价			
婚姻状况			
生育情况			
说　明		1. "智商"和"情商"一生测5次，本次统计1次即可，暂时不测也可。 2. 经济收入是指被记录人一年所创造的实际收入；一般一生记5次左右，从开始创收的第一年记第一次，之后只在人均收入发生较大变化时记录；本次统计可记1次，记录方法是：某年共创收入多少人民币，折合黄金克数。 3. "物价"，一般与"经济收入"同时间记录，记录被记录人所使用的物品（一样或几样）价格，人民币折合黄金克数。	

附表四

□□公后裔个体人生信息统计表（二）

内容栏目 \ 人生信息	夫 □	妇 □
姓 名		
遗 嘱		
文学作品		
发明创造		
超长技艺		
音乐表演造型艺术		
耀祖事宜		
辱祖行为		
长寿要诀		
优质遗传特性 — 超常人的优良特性		
优质遗传特性 — 其他		
劣质遗传特性 — 遗传、先天性疾病		
劣质遗传特性 — 其他		
一生大事		
一生大事		
一生大事		
生平传记		
说 明	附表三、表四为一套两张族人个体信息统计表，所有栏目，尽量在本表记录，如文字较多，统计表页面不够，可以在栏目处记录"标题"另附文字材料。	

附表五

□□公后裔亲戚人生信息统计表

传承人配偶姓名、序号 \ 亲戚有关情况	称谓	姓名	出生年月	地址和联系方式	重要人生信息

说明	1. 地址和联系方法、重要人生信息栏目，如文字较多可另附文字材料。 2. 亲戚指与本家族传承人有婚姻关系者的亲人，主要指媳妇和女婿的父母、兄弟姐妹及子女等。 3. 记录除婚姻关系之外的其他"亲戚"关系者，必在"称谓"栏记清楚。

第六章 新谱牒的内容栏目、栏目内容和基本体例

现代人编修新族谱最好的方法、体例是使用"固续式"新体例修谱。然而,千年旧习很难一下改掉,现阶段必然有一个过渡的修谱方法、体例和内容,这就是"传统修谱方法编修新谱牒"。但是,在"传统修谱方法编修新谱牒"的过程中,必须无情舍弃那些限制内容的"体例"、不合时宜的"内容栏目"和"封建、迷信、愚昧、落后"的内容,最大限度增加现代人急需的"内容栏目"和"栏目内容"。

祠谱（布质壁挂式谱牒）

一、内容栏目

族谱的"内容栏目",决定着族谱内容的"量"和"面"。按照最大限度继承传统谱牒文化之精华,最大限度增加科学研究之内容,最大限度体现现代人之观点和理念"三个最大限度"的要求,建议在保留近三十项传统"内容栏目"的基础上,增加学术研究、生理遗传和社会活动"内容栏目",总量达到九十多项:

1.谱名;2.炎黄祖根照;3.目录;4.题词;5.序;6.谱序;7.姓氏源流;8.氏族变迁;9.始祖;10.支祖;11.修谱原则;12.续修制度;13.藏谱制度;14.祠堂;15.堂号;16.祠联;17.郡望;18.祖坟;19.坟茔方位图;20.碑文志铭;21.文物;22.族产;23.契约;24.辈字诗;25.族规;26.肖像;27.祖居照;28.同堂照;29.活动照;30.世系图;31.索引标示;32.儿女标示;33.代系线;34.世系小传;35.人生休息册;36.生平传记;37.氏族大事记;38.耀祖榜;39.警示录;40.恩人录;41.风俗礼仪;42.亲戚录;43.亲戚称谓;44.亲戚要情;45.联系方法;46.社会环境;47.政治环境;48.居住环境;49.自然环境;50.衣;51.食;52.住;53.行;54.文;55.创;56.技;57.艺;58.辈分;59.排行;60.姓名;61.照片;62.性别;63.生时;64.属相;65.八字;66.故时;67.故因;68.葬地;69.籍贯;70.生活地;71.婚姻状况;72.生育情况;73.身高;74.体重;75.血型;76.超常人优质遗传特性;77.遗传先天性疾病;78.智商;79.情商;80.收入;81.物价;82.长寿要诀;83.遗嘱;84.文化程度;85.职业水平;86.民族;87.种族;88.政治面貌;89.修谱主持人;90.藏谱人;91.撰稿人;92.摄录人;93.人生休息统计表;

94.谱册编号；95.谱册珍藏分存登记表。

二、栏目内容

族谱的"栏目内容"，决定着族谱内容的"质"和"神"。按照"三个最大限度"的要求，如何辑录每项"栏目内容"，第五章（《现代族谱》记录说明）已经作了较为详尽的阐述，但因修谱方法和体例的变化，有些"栏目内容"必须进行相应的调整。比如：

（一）谱名。在遵循"系列谱名"规范的基础上，较大宗族谱册不仅要显示出不同的"部"的内容特点，还要注明为"第几部"。

（二）目录。查阅"内容栏目"和大项内容靠"目录"；每"部"都要有"目录"。

（三）谱序。需把本宗族历次续谱的"谱序"原文转辑。

（四）宗族变迁。需把本宗族始祖之后，大大小小的所有分支的迁徙时间、原因、经过、人物、故事等，记述清楚。

（五）始祖。记述宗族始"夫妇有关情况。

（六）支祖。记述宗族中各支族支祖夫妇有关情况和支族中各家族"小支祖"有关情况。

（七）肖像。指始祖和各支祖的巨幅画像或照相。

（八）祖居照。指宗族聚集区祖居、村庄、社区照片。

（九）同堂照。指三世、四世或五世同堂大家庭的合影照片。

（十）祠堂。需记述本宗族每个支族祠堂的规划结构、建设时间、祠堂位置、建设规模、建设经过、祠堂文化、捐资功德、管理现状等。

（十一）祖坟。记述始祖和各支祖为坟主的坟茔有关情况。

（十二）坟茔方位图。需把本宗族所有坟茔，按比例绘图；同时，选定固定参照物、固定参照点，确定坟主与固定参照点的方位和直线距离；也可采用现代科技，确定坟主经纬度。

（十三）碑文志铭。需原文转录本家族所有坟茔的墓碑碑文和墓志铭文。

（十四）文物。记述本宗族（包括各支族）遗传下来的，被国家确定为文物和虽未确定为文物但有百年以上历史的遗存、名人故里和历史遗迹等。

（十五）族规。不仅要辑录本宗族历次修谱族规及支族的族规和家训，更重要的是必须按照现代人的观点、理念，研究制定本宗族和各支族的族规、家训。

（十六）世系图。使用"代系线""儿女标示""索引标示"（册页），绘制"上、下、左、右、男、女"族人血缘关系清晰的"大宗"世系图；旨在"清晰呈现全宗族直系、旁系血缘关系，指引族人人生信息记录册页"。可采取分别绘制始祖世系图和支祖世系图的方法。

（十七）索引标示。指世系图中姓名下方和"世系传"（或"人生信息册"）中的"册页"标示。查阅个体人生信息靠索引标示，按照"册页"标示，依次查找世系图族人名下"册页"——"世系小传"中"册页"——"人生信息册"及其他族人个体人生信息"内容栏目"中"册页"即可。

（十八）儿女标示。儿子：∨；女儿：○。儿、女标示可有效解决女性族人入谱而确保血缘关系清晰问题。

（十九）代系线。指世系图中，上、下、左、右世代血缘关系连接线，确保大宗体例世系图中直系、旁系血缘关系清晰。竖线连接父母与子女之间，横线连接兄弟姐妹之间。

（二十）世系小传。记录族人主要人生信息：夫妇姓名、性别、辈分、排行、父母、籍贯、生时、故时、葬地、生育情况、婚姻状况、配偶父母简况等。

（二十一）人生信息册。将族人夫妇每人三十多个"内容栏目"制成表格式"人生信息册"，构成族人"重要人生信息"的主体。要求人生信息要真实，最好知情人亲自提供素材：族人童年信息由父母提供，晚年信息由子女提供，其他信息由当事人自己提供；如果他人代理提供人生信息，必以事实为依据。并非每对夫妇都要完整辑录有三十多个"内容栏目"的"人生信息册"，如果夫妇人生信息量很少，只需辑录"世系小传"；如果"人生信息册"中有些"内容栏目"人生信息征集缺项，将缺项的"内容栏目"删除后，剩余"内容栏目"制表即可。

（二十二）生平传记。"生平传记"可采取三种文体：1.一生总结式的评语；2.将一生要事制作"年表"；3.围绕一生有意义的事件，编辑"人物传记"。若为1，则只需辑录"人生信息册"，将评语辑于"人生信息册"的"遗传基因及一生大事附录"即可，无需辑录"生平传记"。

（二十三）照片。指每位族人夫妇照片或单人照片。彩色、黑白照片均可。

（二十四）摄录人。指负责摄像、照相、画像人的落款题名。

（二十五）活动照。总族和支族开展的宗亲联谊、祭祖、修谱、建祠、婚丧嫁娶、礼仪仪式等活动照片。

（二十六）风俗礼仪。需从二十多个方面辑录：礼仪民俗、岁时民俗、婚丧嫁娶、鬼神禁忌、生肖姓氏、图腾信仰、古建民居、民间美食、民族服饰、游艺竞技、工艺美术、戏曲曲艺、传统技艺、五行八作、民间乐舞、生活民俗、信仰民俗、民间文艺、民间语言、神秘文化等。

（二十七）文创技艺。主要辑录历史典籍、文学作品、发明创造、能工巧匠、技艺艺术等。

（二十八）耀祖榜：需记录本宗族成员中做出巨大贡献、具有特殊技能、大官、巨富者的事迹。具体可从六个方面辑录：考入大专院校、晋升技术职称、取得公认成就、受到政府表彰、提拔某级官员、勤劳致富等。

（二十九）警示录。需从以下四个方面辑录：叛国投敌、杀人放火、遗弃婴儿、虐待老人。

（三十）亲戚录。需辑录"亲戚简要人生信息"，主要包括三个方面：亲戚称谓、亲戚要情和联系方法。"亲戚称谓"，指宗族传承人配偶的父、母、兄、弟、姐、妹等；"亲戚要情"，指"亲戚简要人生信息"，如姓名、籍贯、生卒葬时间、地址、职业、功绩等；"联系方法"，指亲戚的邮编、邮箱、电话、微信、QQ等。

（三十一）恩人录。分别在《族谱》《支族谱》《家谱》中辑录对全宗族、支族、家族有重大贡献和恩情之人的有关情况和事由；某族人的恩人，一般录入《家谱》中。

（三十二）修谱主持人。简要记录本次修谱的主要组织者和具体操作人员简况，切忌长篇累牍记录"修谱主持人"事迹，若确实事迹突出，可记入"荣誉录"。

（三十三）人生信息统计表。根据《族谱》内容栏目要求，设计两类"人生信息统计表"："群体人生信息统计表"和"个体人生信息统计表"，及时发放、收回；要求"个体人生信息统计表"必本人或至亲填写，存档备查。

（三十四）谱册编号。指每"部"《族谱》《支族谱》《家谱》印刷成谱册，每册一个编号；编号用阿拉伯数字表示；要求不得有编号重复的谱册。

（三十五）谱册珍藏分存登记表。将已编号的每一册谱册，分配到藏谱人，制成表格，便于查找和联络。

三、基本体例

体例是族谱的容貌，维系、彰显内容的纽带。怎么才能把这九十多项"内容栏目"和数以百计的"栏目内容"，通过科学、合理的体例，有机组织起来，使其上下连贯、左右一体、中心明确、主题突出、简繁攸当、思想先进、灵魂高尚，绝非易事。建议从以下几个方面改良和突破：

（一）谱牒质地和承载血缘集团范围要基本规范。

1. 以纸质谱为主，电子谱、石碑谱、布质祠谱神谱为辅；

2. 以《族谱》《家谱》为主，《通族谱》《统族谱》《联族谱》为辅。

（二）纸质《□族谱》谱册纸张以宣纸为主，蒙肯纸等为辅。

（三）装帧以锁线精装和线装为主，简装为辅。

（四）包装谱盒以木质谱盒为主，纸质等其他质地谱盒为辅。

（五）人生信息要分类。谱牒内容人生信息总体分三类：传统民俗信息、生理遗传信息、社会活动信息；编辑录入时可分两大类：氏族群体人生信息和族人个体人生信息；编辑录入族人个体人生信息时，分别主要人生信息、重要人生信息、详细人生信息、亲戚简要人生信息；相同"内容栏目"在不同级别的谱册中，有选择的辑录的人生信息为：必要人生信息。

（六）有些"内容栏目"须合并处理。比如：

1."人生信息册"可容纳下列三十多项"个体人生信息"的"内容栏目"：姓名、性别、辈分、排行、父母、照片、生时、属相、八字、故时、故因、葬地、籍贯、生活地、生育情况、身高、体重、血型、超常人优质遗传特性、遗传先天性疾病、智商、情商、收入、物价、长寿要诀、遗嘱、文化程度、职业水平、种族、民族、婚姻状况、政治面貌等。"人生信息册"由两张表格组成，全面辑录氏族族人个体人生信息，如下表"人生信息册（个体详细人生信息表）"和"人生信息册（遗传基因及一生大事附录）"。

2.亲戚辑录，包括："亲戚称谓"及"亲戚要情""联系方法"等"内容栏目"，可依据容纳每位传承人配偶五至六位亲戚，计算总量，设置表格。如下表"亲戚录"。

个体详细人生信息表

人生信息	夫		妇	
姓名照片	照片 册　页 册　页		照片 册　页 册　页	
籍贯				
生时	年　月　日　时　分	属相：	年　月　日　时　分	属相：
故时	年　月　日　时　分	八字：	年　月　日　时　分	八字：
故因				
葬地				
遗传基因	身高：　　cm	民族：　　种族：	身高：　　cm	民族：　　种族：
	体重（公斤）：最高　；正常　；最低	血型：	体重（公斤）：最高　；正常　；最低	血型：
	智商：	情商：	智商：	情商：
	超常人优质特性：		超常人优质特性：	
	遗传先天性疾病：		遗传先天性疾病：	
一生大事	生活地：		生活地：	
	收入：	物价：	收入：	物价：
	文化程度：	政治面貌：	文化程度：	政治面貌：
	婚姻状况：		婚姻状况：	
	遗嘱：		遗嘱：	
	职业水平：		职业水平：	
	生育情况：			
记录人				

遗传基因及一生大事附录

亲 戚 录

亲戚有关情况 传承人配偶姓名	称谓	姓名	出生年月	联系方法	亲戚要情

（七）谱册内文设计遵循"三级谱册，部纵册横，卷章节核，世系通贯，要息交融"的原则。

1. **三级谱册**。较大氏族修谱，可编辑三级谱册：《族谱》《支族谱》《家谱》。三级谱册录入内容各不相同：

①《族谱》。主要录入"氏族整体群体人生信息""氏族始祖至各支祖的大宗世系图""氏族中各个支祖、藏谱人、重要族人个体人生信息"。

②《支族谱》。主要录入"本支族群体人生信息""本支族支祖至各家谱支祖的大宗世系图""本支族中各家谱支祖、家谱藏谱人、重要族人个体人生信息"。

③《家谱》。主要录入"本家族群体人生信息""本家族家谱支祖至今的大宗世系图""本家谱藏谱人简况""每位家人个体详细人生信息""每位家人亲戚简要人生信息"。

若为较小氏族，也可将①②合二为一。

编辑三级谱册的先后顺序：先编辑《家谱》，再编辑《支族谱》，后编辑《族谱》。

2. **部纵册横**。三级谱册为一体：以部之序数分别纵向的《族谱》《支族谱》和《家谱》，如果有 m 个支族、n 个家族，至少设计 m+n+1 部；以册之序数分存于横向的各藏谱人，如果计划分存于 1000 位藏谱人，则设计印刷至少 1000 册。

3. **卷章节核**。每部谱册的核心内容以"卷""章""节"编辑。首先，把九十多项"内容栏目"以某属性类似为原则分门别类，形成二十个左右的"代表栏目"，将"代表栏目"以"卷"依序命名。各"卷"内如"内容栏目"和"栏目内容"较多，可以"章""节"分之。二十卷之设置如下：

第一卷，绪论谱序，包括：序言、谱序、旧谱序。

第二卷，源流变迁，包括：姓氏源流、氏族变迁、郡望等。

第三卷，修谱制度，包括：修谱原则、续修制度、藏谱制度。

第四卷，祠堂祖坟，包括：祠堂、堂号、祠联、祖坟、坟茔方位图、碑文志铭、文物、族产、契约、辈字诗。

第五卷，族规家训，包括：族规、家训、族约、家风等。

第六卷，始祖支祖，包括：始祖、支祖、肖像、同堂照、祖居照等。

第七卷，世系图表，包括：世系图、索引标示（册页）、儿女标示、代系线、世代数、排行数等。

第八卷，世系小传，包括：世系小传等。

第九卷，个人信息详表，包括：姓名、性别、照片、生时、属相、八字、故时、故因、葬地、籍贯、生活地、生育情况、身高、体重、血型、超常人优质遗传特性、遗传先天性疾病、种族、民族、智商、情商、收入、物价、长寿要诀、遗嘱、文化程度、职业水平、婚姻状况、政治面貌、遗传基因及一生大事附录等。

第十卷，生平传记，包括：生平传记等。

第十一卷，氏族大事，包括：氏族大事记、活动照；也可辑录一些发生在氏族之中的具有一定教育意义的典籍故事、逸闻轶事等。

第十二卷，荣誉辑录，包括：耀祖榜、荣誉录等。

第十三卷，警示后人，包括：警示录等。

第十四卷，感恩戴德，包括：恩人录等。

第十五卷，风俗礼仪，包括：礼仪民俗、岁时民俗、婚丧嫁娶等。

第十六卷，文创技艺，包括：文、创、技、艺等。

第十七卷，四大环境，包括：社会环境、政治环境、自然环境、居住环境等。

第十八卷，亲戚辑录，包括：亲戚称谓、亲戚要情、联系方法等。

第十九卷，衣食住行，包括：衣、食、住、行等。

第二十卷，修谱藏谱，包括：修谱主持人、藏谱人、人生信息统计表、谱册珍藏分存登记表等。

无论氏族有多少支族谱，无论各支族谱有多少"内容栏目"，形成"部"与"部"之间"关联、互衬、印证"，"部"属各"卷""'内容栏目'基本一致，'栏目内容'各有侧重"有机完整的大《族谱》。

"部"属之卷数，不一定都有二十卷，须依据需要而定；卷内各章、节之内容，也应以"本部"对"栏目内容"的要求而取舍、融合、提炼、升华。

另外，谱名、炎黄祖根照、目录、题词等，每"部"必有，辑录于"部"首；撰稿人、摄录人等，分别记录在有关"辑文"页末落款处。

4. 世系通贯。指的是氏族世系图，无论世代有多久远，确保从始祖开始直到当代修谱时世系贯通的"大宗体例"。可采取两种方法：

（1）全世图示法。把每个族人的名字、妻名（或姓）、传记标示及其父、子三代的世代数（中文）、排行数制作"图示"。按照民俗习惯"长子中位法"或"长子左位法"（"长子左位法"为："上先代、下后代，世代长子居左位，兄（姐）左弟（妹）右顺序排，同代同列位不够，下列左位始续排"；"长子中位法"为："上先代、下后代，世代长子居中位，兄（姐）左弟（妹）右两边排，同代同列位不够，下列中位始续排"。）排列"图示"。从始祖直到修谱当时每个族人，均采用"图示"中上下三代的"世代数""排行数""记传标示"查找族人之间直系、旁系血缘关系，实现世系图无线连接。

（2）大图示传法。仍然使用线段连接上下代血缘关系，但要绘制大幅世系图，容纳二十代左右族人于一图，达到"一目了然"的效果；以族人名字下方的"记传标示"（册页），标示出族人"世系小传"或"生平传记"的"册页数"。有三种模式：

①一图贯通。二十代左右的较小氏族和五至十代的家族，绘制一张世系图。

②二图贯通。四五十代的中等氏族，可绘制两张世系图：一张为从始祖至各支祖的世系图，一张（每支族一张）为各支祖至当代修谱世代的世系图。

③三图贯通。七八十代甚至上百代的较大氏族，可绘制三张世系图：一张为从始祖至各支祖的世系图，一张（每支族一张）为各氏族支族支祖至其下级的宗族支祖的世系图，一张（每宗族一张）为各家族支祖至当代修谱世代的世系图。

5. 要息交融。"要息"指"必要人生信息",即依据修谱内容、体例需要而设置的人生信息;"交融"指"要息"的"内容栏目"和"栏目内容"在不同谱册之中的变化。"要息交融"指一些氏族"必要群体人生信息"和族人"必要个体人生信息",在《族谱》《支族谱》《家谱》各"部""卷"之中均显示的辑录方法。一般有三种情况:

(1) 在三级谱册之中均显示,内容完全相同。比如"始祖"信息在《族谱》《支族谱》《家谱》之中都显示,且必须完全一致。

(2) 在三级谱册之中均显示,但内容不完全相同。比如"修谱原则""续修制度""藏谱制度"应该在《族谱》《支族谱》《家谱》都有,但具体内容应该在互不发生冲突、基本一致的前提下,视具体情况有所变化;"族规"在《族谱》《支族谱》《家谱》各"部"之中均显示,但在《家谱》中,"族规"简要,而在"族规"规范下的"家训"很详尽。

(3) 在三级谱册之中均显示,但有些"栏目内容"侧重一级谱册,在其他两级谱册中只是简要显示而已。比如《支族谱》《家谱》"修谱主持人"栏目,在《族谱》中,只是简要介绍其主要修谱主持人,而在《支族谱》或《家谱》中则可详尽辑录。"支祖"信息在本支族《支族谱》之中可详尽显示,而在《族谱》或《家谱》之中也显示,但内容简化了许多。

"要息交融"须依据三级谱册"栏目内容"而定,操作好了,能起到"相互衬托,相得益彰,详略得当,浑然一体"的效果。

(八) 采取"大宗小宗结合"之法,表述"世系"和近亲人生信息。

1. 世系图要采取大宗之法。"全世图示法"使整个世系图浑然一体,直系、旁系查找自如,实现世系图录入公允。"大图示传法"使世系图,二十代左右血缘关系一览无余,清晰可见;再略翻阅,三五十代上百代族人血缘关系,清晰呈现。

2. 十代左右"小族谱"或五至六代《家谱》,详尽辑录"详细人生信息""生平传记""亲戚录"等。

(九) 在"栏目内容"的编辑过程中,要吸取史学文体之精华,灵活运用记、述、牒、传、志、表、像、图、纪年、录音、视频等表现手法，力求公允、实录、科学。

（十）编修《通族谱》《统族谱》《联族谱》，需掌握好三个环节：

1. 按上述体例辑录各姓氏（或氏族）《族谱》。

2. 依据《通族谱》或《统族谱》或《联族谱》之内容，编辑以"姓氏源流"及姓氏、谱牒文化为主题的"首部"谱册；同时，依据《通族谱》或《统族谱》或《联族谱》内容之需要，适当调整各《族谱》"栏目内容"或"内容栏目"。

3. 在"部纵册横""卷章节核"基本体例的基础上，稍作调整：

（1）依据《通族谱》或《统族谱》或《联族谱》之需要调整谱名。

（2）调整"部序"。"部序"即各"部"之顺序和编号。全套谱册以"首部"统之；各姓氏不同源流之谱册，仍以原"部序"排序，但须有区别各姓氏不同源流之标志。

（3）调整"册序"。"册序"即每册之顺序和编号。"册序"调整可采取两种方法：一是在原"册序"基础上，注明各姓氏不同源流谱册之标志；一是按照《通族谱》或《统族谱》或《联族谱》之需要，全套谱册统一排列"册序"。

（十一）编纂姓氏之书，需掌握好三个环节：

1. 以姓氏文化内容为主。

隋唐之前，谱牒文化与姓氏文化为一体；宋元之后，姓氏文化逐渐分离，形成独立的文化体系。因此，编纂姓氏之书需以姓氏文化内容为主体，依据姓氏文化规律组织内容栏目和栏目内容。比如，要把"姓氏源流"和"姓氏演变"论述深透、详细、全面；姓氏起源与演变过程中的"姓氏文化"内容要丰富、翔实；姓氏发展过程中涉及的人物刻画要到位；姓氏研究、志谱修撰、宗亲活动等有助姓氏文化发展的内容不可或缺。

2. "姓氏文化"主体之一的"氏族文化"内容要把握好"概括""深透""精优"三个准则。

所谓"概括",即氏族世系要概括:氏族整体的世系从始祖至各支祖即可;并非辑录所有支族世系,只辑录重点支族世系,且除族人名字之外,不录任何个体信息。所谓"深透",即氏族迁徙和姓氏演变之后的氏族世系要深透、完整。所谓"精优",即辑录氏族文化中的"族规""家训""谱序""凡例"等要选择精华的、优秀的,不录粗俗的、类同的。

3. 整体构思策划要讲究"先进""准确""清晰"。

"先进"。指的是全书策划用语要符合现代人的思想、概念和现代社会主体意识。比如,"非史实性"陈述和标题,不要沿用古书"宗族""世族"等带有宗法意义的词汇,用"氏族"代之即可。

"准确"。指对概念的使用要力求准确。比如谱牒文化、姓氏文化和氏族文化,它们本身就是一个母体,只是宋元以来人们根据需要人为分离而已。在论述原本属于"姓氏文化"范畴的郡望、世系、祠堂等栏目内容时,很难对应分清姓氏的不同流派;只有把"氏族文化"相对分离,以"氏族郡望""氏族世系""氏族祠堂"标示,才能顺理成章。

"清晰"。指全套姓氏之书层次要清晰。比如,因姓氏之书内容量特别大,为便于阅读,必须分卷;具体划分几卷,根据各章节内容量而定。依据"姓氏文化"主要内容,参考成功姓氏之书的体例,建议以五章通贯数以百计的内容栏目和栏目内容,即:姓氏源流、氏族变迁、姓氏精英、姓氏文化、宗亲联谊。下以李姓姓氏之书为例,草拟五章体例,供参考。

中华李姓文化大典（提纲）

第一卷

绪论 1

目录

第一章　李姓源流
　　第一节　起源
　　第二节　演变

第二章　李姓氏族变迁
　　第一节　氏族郡望
　　第二节　始祖支祖
　　　　一、得姓始祖
　　　　二、氏族始祖
　　　　三、氏族支祖
　　第三节　氏族世系
　　　　一、氏族世系
　　　　二、各支族世系及迁徙始末
　　　　三、异源同姓氏族世系及迁徙始末
　　　　四、同源异姓氏族世系及迁徙始末
　　第四节　氏族祠堂
　　　　一、祠堂
　　　　二、堂号
　　　　三、堂联
　　第五节　氏族族谱
　　　　一、族谱纲目

二、族规家训
　　三、班辈字谱
　　四、谱序撷英
　　五、凡例精选

第二卷

绪论2
目录

第三章　李姓精英
　　第一节　古代先贤
　　第二节　近代名流
　　第三节　当代人物

第三卷

绪论3
目录

第四章　李姓文化
　　第一节　宗法礼制
　　第二节　民俗礼仪
　　第三节　逸闻轶事
　　第四节　文创技艺
　　　　一、历史文献
　　　　二、文学作品

三、发明创造
四、能工巧匠
五、艺术技艺
第五节　历史文物
一、文物遗存
二、文物遗迹
三、名贤故里
四、碑文志铭

第四卷

绪论 4
目录

第五章　李姓宗亲联谊
第一节　社团名录
第二节　联谊活动
第三节　寻根谒祖
第四节　氏族大事
第五节　纂志修谱
第六节　李姓研究

主要参考书目

1. 《方前林氏家谱序》，见《古今图书集成·氏族典·林姓部》。
2. 《逊志斋集》卷一三，《族谱序》。
3. 《文史通义校注》卷六"外篇一"《州县请立志科议》，中华书局1985年。
4. 欧阳宗书：《中国家谱》，新华出版社1992年。
5. 杨冬荃：《中国家谱起源研究》，《谱牒学研究》第一辑，书目文献出版社1989年。
6. 潘世仁：《家谱——内涵丰富的史籍》，《谱牒学研究》第四辑。
7. 王鹤鸣：《开发谱牒资源，弘扬历史文化》，《文汇报》1997年。
8. 完颜绍元：《中国姓名文化》，上海古籍出版社2001年。
9. 徐建华：《中国的家谱》，百花文艺出版社2002年。
10. 刘黎明：《祠堂·灵牌·家谱》，四川人民出版社2003年。
11. 王鹤鸣：《中国家谱通论》，上海古籍出版社2010年。
12. 《第三届亚洲族谱学术研讨会会议记录》，台湾联合报文化基金会文献馆编，经联出版事业公司1987年。
13. 陈直：《南北朝谱牒形式的发现和索隐》。
14. 杨冬荃：《中国家谱起源研究》，《谱牒学研究》第一辑，书目文献出版社1989年。
15. 黎小龙：《从民族学资料看家谱起源》，《谱牒学研究》第三辑，书目文献出版社1993年。
16. 《帝王世纪》。
17. 《山海经》卷一八，《海内经》。
18. 《怒族社会历史调查》，云南人民出版社1981年。
19. 刘尧汉：《彝族社会历史调查研究文集》。

20. 张润棠：《眉县杨家村窖藏青铜器述评》，《宝鸡文理学院学报》2003 年第 5 期。

21. 《世本》辑本《帝王篇》。

22. 《大戴记礼·帝系篇》。

23. 潘光旦：《中国家谱学略史》。

24. 杨殿珣：《中国家谱通论》，《图书季刊》新三卷，第 1—2 期，1944 年。

25. 龚鹏程：《唐宋族谱之变迁》，《第一届亚洲族谱学术研讨会会议记录》，联合报文化基金会国学文献馆 1984 年。

26. 陈捷先：《唐代族谱略述》，《第一届国际唐代学术会议论文集》，1988 年，台北。

27. 《册府元龟·国史部·谱牒门》。

28. 郭峰：《晋唐时期的谱牒修撰》。

29. 于邵：《河南于氏家谱后序》，《全唐文》卷四二八。

30. 常建华：《宗族志》，《宋真宗敕文武群臣修家谱诏》。

31. 朱熹：《浙江新昌南明石氏宗谱》，《文公赠石氏族谱序》，乾隆五十年。

32. 朱熹：《陈氏宗谱朱熹序》，2001 年，德星堂铅印本。

33. 朱熹：《湖南安化·胡氏十修族谱》，1998 年，安定堂铅印本。

34. 《朱子全书》第二十六册，《朱子遗书》卷五，上海古籍出版社、安徽教育出版社联合出版，2003 年。

35. 朱熹：《庆元续修谱序》，1911 年。

36. 孙逢吉：《职官分纪》卷一八。

37. 朱熹：《(安徽休宁)平阳郡汪氏宗谱序》。

38. 《虎墩崔氏族谱》，万历四十年。

39. 郑樵：《通志·氏族略》。

40. 司马迁：《史记·太史公自序》。

41. 《新唐书·艺文志·谱牒类》。

42. 盛清沂：《试论宋元族谱学与新宗法之创立》。

43. 《嘉祐集》卷一四，《苏氏族谱》《谱例序》。

44. 《休宁陪郭叶氏世谱》，弘治十一年。

45. 《休宁陪郭叶氏世谱》，弘治十一年。

46. 文天祥：《武口王氏金源山头派之谱》。

47. 《新安苏氏族谱》，成化三年。

48. 陈垲：《祁门善和程氏续谱序》，永乐十五年。

49. 《新安王氏统宗世谱》，万历三十五年。

50. 李林主编：《满族家谱选编》，辽宁民族出版社1988年。

51. 《新修富察氏支谱》，光绪三十三年。

52. 郑伟强：《彝族谱牒之研究》，《江西财经大学学报》2004年第1期。

53. 潘光旦：《章实斋之家谱学论》，《人文学刊》第二卷第8、9期，1931年。

54. 章学诚：《州县请立志科议》，《文史通义校论》卷六"外篇一"。

55. 《章学诚遗书》卷二一，《高邮沈氏家谱序》。

56. 《章学诚遗书》卷二三，《家谱杂议》。

57. 潘光旦：《家谱还有些什么意义？》，《东方杂志》第四十三卷，第12号，1947年。

58. 罗香林：《中国族谱研究》，香港中国学社1971年。

59. 多贺秋五郎：《中国宗谱的研究》。

60. 《在广州孙氏宗族欢迎会上的讲话》，《孙中山集外集》，上海人民出版社1990年7月。

61. 《合肥阚氏重修族谱序》，《孙中山集外集》，上海人民出版社1990年7月。

62. 盛清沂：《台湾文献》，《台湾家谱编纂研究》，1963年。

63. 五修：《孔子世家谱》。